Gabriele Käfer-Dittmar: Luise von Ploennies

Luisa von Blomberg.

Gabriele Käfer-Dittmar

Luise von Ploennies
1803 – 1872

Annäherung an eine
vergessene Dichterin

Verlag H. L. Schlapp Darmstadt

Autorin und Verlag danken für freundliche Hilfe und Unterstützung dem Kulturamt und dem Stadtarchiv der Wissenschaftsstadt Darmstadt.

ISBN 3-88704-043-8
© Verlag H. L. Schlapp, D-64283 Darmstadt 1999
Umschlaggestaltung: Karl Horst Passset
Gesamtherstellung: Druckhaus Beltz, 69494 Hemsbach

Teil 1: Aufbruch

Wie mache ich das? Von einer Frau erzählen, über die, genau genommen, niemand mehr etwas weiß, die ich aber trotzdem für eine hervorragende Persönlichkeit ihrer Zeit halte. Eine Dichterin war sie. Zu diesem Titel bekannte sie sich, und so wurde sie behandelt und gehandelt. Alles, was ihr durch den Kopf ging, gerann ihr zum Reim, und das gefiel in jener Zeit allgemein. Exemplarische Beispiele dafür fristen bis zum heutigen Tag, meist ungeliebt, in Schulbüchern der Mittelstufe ein trauriges Leben: eine Ballade, ein ellenlanges erzählendes Gedicht, eine kunstvoll zu skandierende, in Verse gebundene Heldensage. Aber Begeisterung kommt beim Lesen nicht auf. Die zündende Poesie von gestern ist zum trockenen Bildungsgut zerfallen. Bald verschwindet sie vollends in den Archiven und wartet geduldig darauf, nach einem weiteren Jahrhundert durch einen beflissenen Doktoranden zu einem allerletzten Comeback aufbereitet zu werden.

Ich spreche vom 19. Jahrhundert im Schatten der zum Welterbe erhobenen deutschen Dichterfürsten Goethe und Schiller, ihren Nacheiferern, ihren Kritikern, ihren Schmähern, ihren Bessermachern und meine damit alle, die sich nach dem unerreichbaren Vorbild für ihre Lebensäußerungen des Vehikels Poesie bedienen. Keine Sparte der menschlichen Existenz wurde ausgespart: Liebe und Leid wie eh und je. Natur, Religion, Politik, Gesellschaft,

Wissenschaft, Kunst, Bildung. Ja, Bildung zuerst. Das bürgerliche Zeitalter konstituierte sich reimeschmiedend. Freiheitskriege und Vaterland, Deutschland – groß oder klein – Volkslied, Sagengut, romantische Religiosität, germanisches Selbstwertgefühl, Frauenrechte, Judenemanzipation... Politische Standortbestimmungen ohne Ende. Die Nation, die noch keine war, aber leidenschaftlich von allen erstrebt wurde, band den Strauß widerstreitender Meinungen in Gedichte. Polemisch die einen, pathetisch die anderen, aber in jedem Fall deutsch. Mit diesem Schlüsselbegriff konnte jeder auf seine Weise argumentieren.

Die Frau, von der ich spreche – noch ist es zu früh, ihren Namen preiszugeben, Sie würden sonst womöglich gar nicht erst mit Lesen anfangen – gehörte ihrer Herkunft nach in den geschlossenen Kreis des staatstragenden Bildungsbürgertums, der zu Beginn des 19. Jahrhunderts das heruntergekommene feudale Erbe angetreten hatte. Ihr Vater war ein bekannter Arzt und Naturforscher. Goethe bezeichnete ihn wohlwollend als einen geistvollen Mann. Ich vermute, daß er ihn auf seiner Reise an Rhein, Main und Neckar in seinem Haus aufgesucht und seine Sammlungen bewundert hat. Auch die Tochter, 1803 geboren, ein ungewöhnlich aufgeschlossenes Kind, erinnert sich später ihrer Phantasien um die ausgestopften Tiere, Fische und aufgespießten Schmetterlinge, die überall im Haus ausgestellt waren. Und daß es sich dabei nicht nur um eine Marotte, sondern um die Ergebnisse systematischer Forschungsarbeiten handelt, wurde sogar noch einmal in unseren Tagen, fast 200 Jahre, später aktuell, als sich ein Wissenschaftler per Suchanzeige um ein Manuskript des Doktors bemühte, in dem er eine von ihm entdeckte, in Deutschland bis dahin nie aufgetretene Fledermausart beschrieben hatte. Der Doktor hieß übrigens Johann Philipp Achilles Leisler und lebte in Hanau. Die Tochter hieß Luise. In Hanau also puzzelt sich die Geschichte zusammen. 1803, dem Geburtsjahr Luises, war die Stadt ein Außenposten des Großherzogtums Frankfurt, einer Staatsschöpfung Napoleons, wie viele andere west- und süddeutsche Territorien, die er sich im Rheinbund durch großzügige Neuverteilung von Land und Fürstentitel

6

verpflichtet hatte. Zehn Jahre später zerbrach das napoleonische Imperium in der vielbesungenen Völkerschlacht bei Leipzig. Der modische Trend, alles Französische hoch zu preisen, war damit vom Tisch und verkehrte sich ins Gegenteil. Jetzt war deutsch angesagt. Deutschland grub nach seinen eigenen germanischen Wurzeln.

Bei diesem Umdenkungsprozeß kam zeitgleich mit dem Auftreten der Familie Leisler wieder Hanau ins Spiel. Die beiden Hanauer Gelehrten Jakob und Wilhelm Grimm befestigten mit ihrer *Deutschen Grammatik* und ihren berühmten Sammlungen *Kinder- und Hausmärchen* und *Deutsche Sagen* ihren Ruf als Gründer der germanischen Altertumswissenschaft, der germanischen Sprachwissenschaft und der deutschen Philologie. Als die Märchen und Sagen um die Jahre 1815/16 herauskamen, war das Mädchen Luise Leisler gerade im richtigen Lesealter, und ich nehme an, daß sie sie verschlungen hat.

Jahrzehnte später wurde die exakte Quellen- und Detailforschung der Brüder Grimm für sie zu einer wesentlichen Arbeitsgrundlage. Zeitlebens stand sie mit ihnen in Beziehung und schriftlichem Austausch.

Aber nun zurück zu den Anfängen. Luise Leisler ist als ungewöhnlich begabtes Kind in die Annalen eingegangen. Ihrem Stande entsprechend besuchte sie ein privates Institut für höhere Töchter und fiel bereits mit neun Jahren durch ihre Fabulierlust und ihr Reimtalent auf. Ihre Vorliebe galt der romantischen englischen Literatur. Einem on-dit zufolge übersetzte sie bereits in diesem Alter englische Gedichte nicht nur dem Inhalt nach, sondern in formvollendeter metrischer Übertragung. Diese früh geschulte Fähigkeit behielt sie über ihre ganze Lebenszeit bei, und noch in der *Deutschen Biographie* können wir nachlesen, daß sie sich neben ihrer Bildhaftigkeit durch die Sicherheit der Formgebung besonders ausgezeichnet hatte.

Aber noch ist es nicht so weit. Schicksalsschläge kamen über die Familie Leisler, die Luises Leben schon im Kindesalter umprägten.

Mit vier Jahren hatte sie die Mutter verloren, 1813, im Alter von zehn Jahren, starb der Vater. Sie verblieb mit einem jüngeren Bruder in der Obhut ihrer – zu ihrem Glück liebevollen – Stiefmutter Julie Dupré und brachte ihre Schulzeit in dem Hanauer Institut zu Ende. Nach der Überlieferung wurde sie dazu ausersehen, sich als Lehrerin ausbilden zu lassen mit dem Ziel, späterhin selbst die Leitung der angesehenen höheren Mädchenschule zu übernehmen. Die Idee lag nahe. Luise Leisler war Vollwaise, ein jüngerer Bruder mußte standesgemäß ausgebildet werden. Ob die Erbschaft dann noch für eine angemessene Mitgift der Tochter gereicht hätte? War sie reich genug für eine Ehe? Die Entwicklung zeigt, daß das Geldproblem in jenen Kreisen tatsächlich auf der Hand lag und als verläßliche Voraussetzung für Wohlstand und gesellschaftliches Ansehen ständig diskutiert wurde. Die zu verheiratenden Töchter hatten dabei nur wenig Mitspracherecht.

Für die vierzehnjährige Luise nahm ihr Großvater mütterlicherseits das Heft in die Hand und beorderte sie kurzerhand von Hanau nach Darmstadt in seinen Haushalt: Dr. Georg Wedekind, in jenem Jahr 1817 auf dem Höhepunkt seiner Karriere, über die zu berichten ein paar Worte wert sind. Wedekind war Arzt, hoch begabt, ehrgeizig und zeichnete sich schon als junger Mann für leitende Stellungen aus. Über seine therapeutischen Ansätze, die häufig von der konservativen Medizin abwichen, sei an dieser Stelle nur so viel gesagt, daß sie ihm schließlich nach vielen Irrungen und Wirrungen höchste Ehren einbrachten. Ludewig I., Großherzog von Hessen und bei Rhein, berief ihn aus napoleonischen Diensten als Leibarzt nach Darmstadt. Zum Dank für seine erfolgreiche Behandlung in lebensgefährlicher Krankheit versetzte er ihn 1809 in den Freiherrenstand und nahm ihn damit vollends in die Hofgesellschaft auf. Bis zu seinem Tod im Jahr 1831 spielten er und seine Familie eine tragende Rolle in der Residenz. Sein großes Haus, Ecke Rheinstraße/Kasinostraße, verblieb bis zu seiner Zerstörung im Zweiten Weltkrieg in Familienbesitz. Eine der letzten Namensträgerinnen soll am Tag nach dem Luftangriff vom 11./12. September 1944, zu

einer Mumie verbrannt, in den Trümmern aufgefunden worden
sein.

Aber nun zurück zu dem Stammvater, Luise Leislers Großvater,
Dr. Georg von Wedekind. Sein Charakterbild schwankt ungenau in
der Geschichte. Einerseits verweisen seine beruflichen Daten auf
herausragende ärztliche Qualitäten. Kaum sechsundzwanzig Jahre
alt, wurde er 1787 als Leibarzt an den kurfürstlichen Hof nach
Mainz berufen und erhielt dort auch eine Professur an der kurfürstlichen Universität. Daß ihm, dem Protestanten, der den bürgerlichen Errungenschaften der Französischen Revolution wohlwollend gegenüberstand, im stockkatholischen Mainz jede Menge
Neid und Eifersucht der Hofkamerilla und gleichgestellter Kollegen
erwuchs, läßt sich (leicht nachvollziehen und) in seiner ausgedehn-
ten Korrespondenz nachlesen.

Aber trotz all seiner schlüssigen Argumentationen zu seiner
eigenen Rechtfertigung bleibt die Anteilnahme seiner Briefpartner
letzten Endes immer ein wenig distanziert. Charakterlich muß er
ein Querkopf gewesen sein, dem im Guten wie im Bösen sein eigener Vorteil über alles ging. Die Probe aufs Exempel lieferte er
selbst. Als im Ringen um das linke Rheinufer napoleonische Truppen Mainz besetzten und dort im vormaligen Kurstaat die erste
Deutsche Republik nach französischem Vorbild ausriefen, tanzte
Wedekind nicht nur beiläufig unter dem Freiheitsbaum, sondern
etablierte sich sofort als einer der Gründer des Jakobinerklubs neben dem berühmten Weltumsegler Georg Forster. Jahrzehnte später bestätigte die Enkelin Luise in einem Brief, daß die Familien
Wedekind und Forster in jenem ereignisreichen Jahr 1792/93 sehr
„liiert" waren.

Die Eskapade hatte für Wedekind die übelsten Folgen. Als die
alliierten deutschen Truppen Mainz entsetzten und der Jakobiner-
staat aufflog, floh er mit der Rheinarmee nach Straßburg in der
festen Absicht, für sich und seine Familie im napoleonischen
Frankreich einen hoch dotierten Posten zu ergattern und mit dem
gleichen Erfolg wie zuvor in Mainz Karriere zu machen.

Aber alles ging schief. Unmittelbar nach seiner Abreise Richtung Frankreich wurde Mainz so schnell von den Alliierten entsetzt, daß der Fluchtversuch von Frau und Kind, samt Mutter und Schwester, vereitelt wurde. Als Geisel für den hochrangigen Kollaborateur hielt man die Ehefrau zwei Jahre in unwürdiger Haft auf der Festung Kronberg fest. Aber auch noch nach ihrer Entlassung dauerte es Jahre, bis die Familie wieder zusammengeführt wurde. Erst nachdem Napoleon sich mit dem Rheinbund unter den westdeutschen Fürsten getreue Vasallen geschaffen hatte, ließ er es zu, daß Wedekind nach kärglichen Berufsjahren im Dienst der französischen Rheinarmee nach Mainz zurückkehren konnte, um seine abgebrochene Karriere wieder aufzunehmen. Allerdings blieb ihm auch da der Durchbruch versagt. Daß dem fast Fünfzigjährigen dann doch noch ein kometenhafter Aufstieg beschieden sein sollte, verdankte er einem Zufall: Großherzog Ludewig I. von Hessen-Darmstadt erkrankte lebensgefährlich und erbat sich von seinem Kaiser Napoleon die Freistellung Dr. Wedekinds aus französischen Diensten, um ihn zu seinem Leibarzt zu machen. Dem Wunsch wurde gnädig entsprochen, und im Jahr 1808, fünfzehn Jahre nach seinem Auftritt als deutscher Jakobiner in Mainz, übersiedelte er nach Darmstadt. Aber nicht genug damit. Da es dem ebenso eigenwilligen wie hoch begabten Arzt tatsächlich gelang, seinen Souverän von seiner Krankheit zu heilen, belohnte dieser Wedekind mit einem erblichen Adelspatent. Künftig zeichnete er als Dr. Georg Christian Gottlieb Freiherr von Wedekind.

Die Geschichte, wie aus einem überzeugten Republikaner und Rebell ein feudaler Hofmann wurde, ist nicht ohne Ironie, aber sie paßt zu dem Charakterbild, das fast alle seine Zeitgenossen von Wedekind hinterließen. Besonders unverblümt, aber möglicherweise zutreffend, finde ich die Äußerung einer Gefährtin seines jakobinischen Abenteuers, Therese Huber-Forster. Nach Jahren besuchte die damalige Frau des berühmten Weltumseglers und jakobinischen Kampfgenossen die Familie Wedekind in Darmstadt. Von ihr kursiert folgende doppelbödige Botschaft über den Hausherrn, diesen „allerunvernünftigsten Sterblichen“. Der Mann habe

Joh. Phil. Achilles Leisler, der Vater

Georg Wedekind, der Großvater

Ludewig I., Großherzog von Hessen

Georg Moller, Hofbaudirektor

11

das Schicksal, so schrieb sie, *„durch einen unwiderstehlichen Kitzel sich immer in Lagen einzudrängen, zu denen ihn seine Natur immer am allerwenigsten bestimmt zu haben scheint. Furchtsam, indolent, grobsinnlich, grundhäßlich, ohne äußere Bildung, ohne Biegsamkeit, brouillon, streitsüchtig, schwatzhaft, sah ich ihn sich in todesgefährliche Unternehmen stürzen, mit unerhörter Mühseligkeit arbeiten. Spartaner sein wollen, die Weiber verführen, am Hof sein Glück machen, endlos intrigieren, gefährliche Geheimnisse mutwillig auf sich laden – und das im Jahr 1789 wie im Jahr 1814 – aber nirgends scheint er dauerhaft auszusehen. Neben diesen Widersprüchen hat der Mann so viel Verstand, Güte, Gefühl, Treue, Beobachtungsgabe und Menschenkenntnis, daß man ihn mit Interesse ansehen muß. Es ist alles in ihm; nichts harmonisch und nichts vollendet."*

Ich werde gleich ausplaudern, wo ich mein Detailwissen über Luise Leislers Großvater, Georg von Wedekind, herhabe. Aber der Anstand gebietet mir auch, Sie außerdem mit einer noblen uneingeschränkten Ehrung bekannt zu machen, die ihm zuteil wurde. Sie ist auf ein Tablett eingraviert, das ihm seinerzeit überreicht wurde. Darauf kann man in schöner Kursivschrift lesen: „Im Hochgefühl der Freude über die Wiedergenesung des Edelsten der Fürsten, unseres innigst geliebten und verehrten Großherzogs, überreicht dem rettenden Arzte, Freyherrn Dr. v. Wedekind, dieses Zeichen der dankbarsten Anerkennung seiner treuen Sorgfalt, eine Gesellschaft von Bewohnern der Bergstraße."

Und nun zu den Quellen: Martin Weber: Georg Wedekind. Ein Arzt im Zeitalter der Aufklärung und der Französischen Revolution. (Stuttgart – New York: Gustav Fischer Verlag 1988).

Es mag weit hergeholt sein, daß ich der Charakteristik von Luise Leislers Großvater so großes Interesse zolle, ich glaube aber, daß dieser eindringliche Patriarch einen sehr wesentlichen Einfluß auf das heranwachsende Mädchen genommen hat. Seine prägende Kraft war in seiner Familie bei einer Reihe von Gelegenheiten zuvor schon dokumentiert worden. In allen Stücken der Familienplanung nahm er sich nicht nur das letzte Wort heraus, sondern hielt es für sein verbrieftes Vorrecht, die ehelichen Verbindungen für seine Kinder zu knüpfen. Seinem Zeitgeschmack und der gesellschaftlichen Norm seines Standes gemäß, gab er in jedem Fall einer Konvenienzehe vor einer Liebesheirat den Vorzug. Schon seine ältere Tochter, Luises Mutter, konnte nur gegen erbitterte Widerstände ihres Vaters den von ihr erwählten Dr. Leisler heiraten. Wir wissen es, weil in den spärlich überlieferten persönlichen Daten des Doktors dieser Umstand mehrmals bekundet wird. Ebenso zielstrebig ging Wedekind für seinen jüngeren Sohn auf Brautschau, indem er über einen alten Waffengefährten aus seiner revolutionären Zeit mit dem potentiellen Brautvater in briefliche Verbindung trat. Dieser Briefwechsel ist erhalten und führte seinerzeit zu einmal mehr Turbulenzen. Und nun Luise – die Enkelin! Nicht daß er von seinem Prinzip abging. Im Gegenteil! Seine Wahl fiel auf einen jungen begabten Arzt in gräflich-erbachschen Diensten: Dr. August von Ploennies. So hätten es die jungen Leute sehen können, aber sie bemerkten die Absichten des alten Fuchses zu spät. In Wirklichkeit ging es Wedekind weniger um einen passenden Schwiegersohn als um einen potentiellen Nachfolger für seine Praxis und vordringlich um eine gesicherte Fortführung seiner ärztlichen Methode. Mit der Aussicht auf den Titel eines Hofmedicus des Großherzogs veranlaßte er Ploennies, die Stellung in Erbach aufzugeben und nach Darmstadt in Wedekinds Haus überzusiedeln. Aber die Rechnung ging nicht auf. Ploennies und Luise verliebten sich ineinander.

Die Katastrophe entwickelte sich dramatisch, denn nicht nur der alte, sondern auch der junge Mann war von stürmischem Temperament, wenn sich dieses Temperament auch aus höchst verschiedenen Quellen speiste. Ploennies bemerkte zu spät, daß die Besoldung, die ihn zu dem Titel eines großherzoglichen Hofarztes bewogen hatte, nur ein Bruchteil betrug von den Bezügen, die er in Erbach erhalten hatte. Doppelte Enttäuschung! Praktisch zu einem Assistenten des alten Leibarztes degradiert, kam er als erstrebenswerter Ehemann für die Enkelin nicht mehr in Betracht. Scheinbar verloren für sein Glück, das die jungen Leute in aller Heimlichkeit mit großer Leidenschaft besiegelt hatten, machte ihm Wedekind sogar schriftlich den Vorschlag, ihn zu adoptieren und – später! – zu seinem Nachfolger einzusetzen. Ploennies war außer sich. Seine Tagebucheintragungen und die Konzepte seiner Liebesbriefe nahmen nach dem Sommer 1823 geradezu hysterische Formen an. Sie gipfeln in dem verbalen Ausbruch: *„Ich verfluche meine Existenz. Über mir waltet ein untrügsames Schicksal, ich werde niemals glücklich werden. Aber Wedekind ist der Einzige, den ich hasse."*

Trotz aller seiner Ausbrüche steht Luise zu ihrem Geliebten, und als die familiären Szenen im Haus des Großvaters, in dem zu allem Überfluß auch der Onkel, Bruder der Mutter, seine Mitsprache geltend macht, für Luise unerträglich werden, flieht sie zu ihrer Stiefmutter Julie Dupré nach Hanau, um dort in aller Stille die Turbulenzen in Darmstadt zu überdenken. Durch die Trennung gerät Ploennies in immer erregtere Seelenzustände, wie er sie seinem Tagebuch anvertraut: *„Ach es sind nur Blitzstrahle, die den Himmel öffnen und schnell wieder schließen. Die rauhe Wirklichkeit trübt schnell wieder den klaren Himmel meines Gemüths. Welche düsteren Gestalten erheben sich zwischen uns! Der Mensch ist frey, diese Freiheit besteht aber darin, daß ich meinen Willen dem Schicksal fügen muß! Trennen werde ich mich nie von Dir, aber ich fürchte sehr, ich werde Dich auch nie besitzen! Unglücklich kann man mich machen, ich bin es schon, aber meine Liebe raubt mir das Geschick! Was ewig ist, zerstören Menschenhände nicht. Sag mir, wenn ich heute Dir entrissen würde entweder durch den Tod oder durch andere furchtbare Schicksale, sage mir, ob Du alsdann, wenn es in Deinen Willen gegeben wäre, wünschen würdest, mich nie gesehen oder geliebt zu haben oder ob Du lieber den herben Schmerz, ein Vermächtniß von mir, ertragen wolltest. Hättest Du mich in diesem Falle nie gekannt und geliebt, so könntest Du dann frey und fröhlich leben; so aber würde Dir in Trauerstunden die geliebte Stimme wieder kommen und die Thränen und das trostlose Herz, denn nur in Stunden der Trennung und wenn der Tod den Liebsten entreißt, nur dann wissen wir es, welche Fülle der Liebe dieser Busen verbirgt. Wenn Du mich liebst im weitesten und in der tiefsten Bedeutung des Worts, so kann, selbst wenn der blaße Tod mich umarmt, nur der Wunsch in Dir entstehen, mich gesehen zu haben!"*

Kein Zweifel: Ploennies stellt in seinem Liebesverlangen höchste Ansprüche an seine junge Geliebte, und sie lassen ahnen, wie dicht seine Gefühle mit eigenen Vorstellungen besetzt sind. Über den Tod hinaus wünscht er, sich in Schmerz, Trauer und Entsagung geliebt zu wissen. Ewig!

Ploennies' Seelenbilder haben eine starke Suggestivkraft und werden von Luise unmerklich adaptiert. Ihre Beteuerungen steigern sich gegenseitig zu exaltiertem Liebesrausch, und an Sprachfülle fehlt es keinem von beiden. Trotzdem haben die Responsorien der Luise eine besänftigende Nuance, ein liebevolles Verständnis, wo Ploennies selbstvergessen rast. So schreibt sie in einem Brief, den er in sein Tagebuch übertragen hat: „*Sollte es denn wohl möglich sein, daß es uns ginge, wie so manchen anderen, die sich im Anfang ihrer Liebe so glühend umfaßten und sich alsdann schrecklich getäuscht fühlten. Es kann nicht möglich sein, wir sind ja beide offen und wahr zueinander. Es ist mir nur bange, daß Du mich für besser hältst, als ich bin. Mein Hauptfehler mag wohl eine große Empfindlichkeit seyn, die nicht gut Tadel vertragen kann. Diese zu unterdrücken werde ich denn viele Gelegenheit haben, wenn Du in Hitze geräthst, und so müßten auch Deine Fehler zu meiner Veredelung beitragen. Schon oft habe ich Niedergeschlagenheit an Dir bemerkt, Du hattest auch Grund dazu; ich habe aber nie so stark gefühlt, wie ewig ich Dich liebe, als wenn ich Dich traurig sah; dann mußte ich mich wahrhaft beherrschen, um nicht vor allen Zeugen zu Dir zu eilen, Dich zu umfassen und an mein Herz zu drücken. Kalter Schauer erfaßt meine Seele, wenn ich mir die Möglichkeit denke, daß Du mich verlassen könntest; aber August, Du kannst es gewiß nicht, kannst ein Wesen nicht von Deinem Herzen stoßen, das ... die Wonne, von Dir geliebt zu werden, kaum kennt, sich durch Trennung von Dir so unaussprechlich elend fühlen müßte. Nimm mich mit Deiner heißen Liebe auf, ich gebe mich Dir ganz und ohne Rückhalt hin...*“

Was wir hier lesen sind Zeugnisse hoher Leidenschaft, glaubwürdig und überzeugungskräftig. Sie sind aber auch genau das, was den viel geschmähten Großvater Wedekind bedenklich stimmt. Seinem trockenen Realitätssinn stehen sie kraß entgegen. Er ist viel zu nüchtern, um einen so wichtigen Sozialvertrag wie die Ehe auf den schwankenden Grund eines Liebesrausches dauerhaft gegründet zu sehen, schon gar nicht bei seiner jungen begabten Enkelin, die er auf seine Weise mehr als seine eigenen Kinder liebt.

Umgekehrt zweifelte auch Luise letztendlich nicht an seiner Autorität und war bis zum Auftauchen von Ploennies auch bereit, sich ihr zu unterwerfen. Erst mit der diplomatischen Finte, ihr den – freilich mittellosen und also als Ehemann unakzeptablen Kandidaten – praktisch durch eine Adoption zu entziehen, wie Ploennies es ihr anvertraut hatte, bezog sie Position und gab ihm einen entscheidenden Brief des Großvaters an sie ohne Skrupel weiter:

„Du, P. und ich, die Mutter setze ich noch dazu – sind alle 4 einander nicht gleichgültig, und wir haben ein gemeinschaftliches Interesse überdem. Das ist vors Erste genug. Wenn P. meinen Ansichten folgt und recht fleißig dieselben fördert, so muß der Erfolg mich ihm lieber machen und eine ehrenvolle Verbindung Dir zusichern. Sei nur heiter und unverzagt. Dein Alter wird aus allen Kräften für sein Herzblättchen sorgen, dieses Projekt mag gedeihen oder scheitern.

Sehr wohl hättest Du mit P. hierher fahren, und wenn es Dir anstand auch wieder zurückfahren können – aber so gut wie mit jedem andern ehrlichen und gebildeten Mann; aber noch besser, weil P. Haußfreund ist und hier Geschäfte hat, aber so gut oder noch beßer, weil Du jedem sagen konntest, der Großvater hat es verlangt. Du willst Dich hinsichtlich des P. den Leuten nicht preißgeben. Gut. aber durch übertriebene Behutsamkeit und Zimperlichkeit verräth man sich am leichtesten. Behandle P. offen und frei als Hausfreund, als Freund Deines Vaters, als einen Mann, dem Du hold bist. Das fällt weit weniger auf! Um auf Deinen, sonst mir sehr angenehmen Brief, ich meine die Antwort auf meine Anfrage in meinem Zimmer, zurückzukommen, so nehme ich daraus ab, daß Du von der Ehe keinen richtigen Begriff hast. Unter 1000 Brautleuten ist vielleicht nur eine Person, die diesen Begriff hat, die übrigen kommen doch durch die Welt, besser oder schlechter, aber glücklicher würden die Brautleute werden, wenn sie bestimmt wüßten, was es denn eigentlich mit der ehelichen Verbindung auf sich hat. […]

Übrigens mache ich Dich auf die Erfahrung aufmerksam, daß Heurathen nach Konvenienz – wenn keine Abneigung stattfindet – glücklicher zu sein pflegt, als Inklinationsheurathen, weil wohl die Liebe, nicht aber die Vernunft, welche das Konventionelle bestimmt, blind ist, und weil die Inklinationsheurath unglücklich wird, sobald die Vernunft aufhellet, was die Neigung der Liebe verbarg. Dann wird unsere Eigenliebe gekränkt und wir schämen

16

uns, früher nicht gesehen zu haben, was nun vor Augen liegt. Dies ohne Bezug auf P. und nur zur Berichtigung Deines Urtheils. —

Was man im Leben so gar emsig projectiert und combiniert, geräth meistens am wenigsten, weil es an der Hauptsache fehlt. So denke ich von meinem Lieblingsproject nun auch. Sollte der Mann sich nicht mit eisernem Fleiße anstrengen, um das ihm von mir vorgelegte Thema, gleichsam als Probeschrift, auszuarbeiten, wenn es ihm in Ansetzung — ein Ernst wäre? Bis er diese Bedingung erfüllt, werde ich weniger thätig für ihn sein müssen, um mich nicht zu kompromittieren und meine Luise auch. [...] Sollte P. Dir eine Liebeserklärung machen, so kannst Du ihm sagen: Er sei Dir nicht gleichgültig, aber er müßte sich an Deinen Großvater wenden. Und dieser wird ihm sagen: wenn Sie meinem Rathe folgen und das Ihrige thun, so wird die Verbindung mir Vergnügen machen. Bis dahin suspendiere ich meinen Entschluß."

Schluß. Punkt. Der Alte hatte gesprochen. Entweder gütliche Zusammenarbeit oder Verzicht auf Luise. Wedekind zweifelte nicht daran, daß er es war, der die Chance zu eröffnen hätte. Aber er hatte die Rechnung ohne den Wirt gemacht. Das junge Paar war sich längst einig. Luise entzog sich der großväterlichen Aufsicht durch die Abreise nach Hanau zu ihrer Stiefmutter; Ploennies, der bis dahin als Gast im Hause Wedekind gelebt hatte, bezog eine eigene Wohnung. Zuvor schon war es klar, daß seine Mutter und Schwester zu ihm ziehen würden. Er mietete sich auf dem Ludwigsplatz in dem sog. Lauteschläger'schen Haus eine komfortable Wohnung. Sie lag im zweiten Stock, umfaßte 20 ar und kostete ihn die stolze Summe von 325 fl., ein Preis, der in krassem Gegensatz zu seinen knappen Bezügen als großherzoglicher Hofmedicus stand. Wenn er sich dennoch dazu entschloß, so mit der ungebrochenen Selbstgewißheit, daß er sich auch ohne Protektion in absehbarer Zeit eine große Privatpraxis aufbauen würde. Wie sich später zeigte, ging seine Rechnung auf.

Auf welche Weise die Kämpfe zwischen dem fintenreichen alten und dem hitzköpfigen jungen Doktor zu einem glücklichen Ende gebracht wurden, ist mir nicht bekannt. Tatsächlich aber fand die Hochzeit am 7. Juni 1824 in Darmstadt statt, und ein neuer Lebensabschnitt der Luise Leisler begann. Sie war jetzt 21 Jahre alt, eine reizende Erscheinung, gebildet und gewandt, das „Herzblättchen" ihres Großvaters und der „Engel" ihres verliebten jungen Ehemanns. Zweifellos war sie dank der sorgfältigen Erziehung, für die ihre Großeltern bestens gesorgt hatten, in jeder Hinsicht auf eine standesgemäße Ehe vorbereitet. Außerdem können wir, wie schon für das Kind in Hanau dokumentiert ist, von einer überdurchschnittlichen Sprachbegabung ausgehen, dazu muß sie, glaubt man den Zeitzeugnissen, einen liebenswürdigen, bildsamen und anpassungsfähigen Charakter gehabt haben.

An dieser Stelle wird es höchste Zeit, daß ich einen Namen ins Spiel bringe, den ich seither geflissentlich zurückgehalten habe, obwohl er nicht nur für Luise in Wedekinds Haus, sondern für die großherzogliche Residenzstadt Darmstadt insgesamt eine herausragende Bedeutung gewinnen sollte. Die Großmutter war es, die ihn ins Spiel brachte, Wilhelmine Moller, die Ehefrau des ehestiftenden Großvaters

Luise nimmt sie, nie anders als mit Hochachtung und Liebe, aus allen Intrigen des Hauses aus, kann rückhaltlos ihre Zuwendung und wohl auch ihre Belehrung annehmen. Sie vertraut ihr einfach. Die Großmutter Wedekind, die mit dem verkürzten Namen Minna in die Annalen eingegangen ist, war für die Enkelin offenbar eine Art Fels in der Brandung, eine mütterliche Freundin mit Herz und Verstand. Mit fünfundzwanzig hatte die Tochter des Bürgermeisters von Hameln den zwanzigjährigen Dr. Wedekind geheiratet. So wie sie es wollte, wurden „Georg Christian Wedekind Doctor Medicinae zu Uslar und Jungfer Luise Wilhelmine Moller in der St.-Nicolai-Kirche zu Hameln am 1. Februar 1781 copulirt."

„Fünfzig Jahre später traten der Leibarzt des Großherzogs von Hessen-Darmstadt und seine Gemahlin, umgeben von Kindern, Enkeln und Urenkeln, Verwandten und Freunden, in der blumengeschmückten, von vielen Lichtern erleuchteten Kapelle, die in ihrem Hause eingerichtet worden war, vor den Hofprediger Zimmermann und hörten noch einmal jene vor so langer Zeit gehaltene Traurede. 50 aufgewühlte, ruhelose Jahre lagen hinter ihnen, ein halbes Jahrhundert, das sie durch die Höhen und Tiefen menschlicher Existenz, von höchsten Ehrungen bis hin zu Gefangenschaft und existentieller Not, geführt hatte."

So viel von der Großmutter, geborene Wilhelmine Moller. Ihre Stetigkeit muß feste Maßstäbe gesetzt haben, sonst hätte die unruhige Wedekindfamilie nie und nimmer zu dem strategischen Mittelpunkt der Mollersippe werden können, wie sie es tatsächlich in Darmstadt geworden ist. Während der herrscherliche Arzt Dr. v. Wedekind in der Öffentlichkeit längst vergessen ist, hat sich der Neffe seiner Frau, Georg Moller, über Darmstadts Grenzen hinaus einen lexikalischen Rang erworben und erhalten.

Ein ausgeprägter Familiensinn muß beide – Großvater und Großmutter v. Wedekind – beseelt haben. Gegen diese Annahme spricht nichts, selbst wenn die Beweggründe dafür verschiedene gewesen sein sollten. Gemeinsam und lebenslang scharten die beiden in ihrem großen Haus ihre Angehörigen um sich, seine und ihre, und diesen Zug kann man bereits in ihrer Mainzer Zeit beobachten. In Darmstadt dann, zu hoher Ehre gekommen, nahm der „cher oncle" auch für die Neffen eine zukunftweisende Rolle an, für Georg Moller, den Neffen seiner Frau zu allermeist. Geschickt und nachdrücklich lancierte er den jungen Architekten und Schüler des berühmten Professors F. Weinbrenner aus Karlsruhe an seinen Potentaten in Darmstadt. Es hatte sich da, so um das Jahr 1810 herum, in dem jungen Großherzogtum Hessen-Darmstadt von Napoleons Gnaden eine gewisse „Marktlücke" aufgetan. Die Residenz des vormaligen Landgrafen Ludwig X., nunmehr Großherzog Ludewig I., wuchs dank der neuen Würde buchstäblich über ihre Grenzen hinaus. Eine umfassende Stadterweiterung war angesagt. Neue Wohnquartiere für Beamte, Offiziere, Geschäftsleute mußten geschaffen werden, Verkehrsströme neu geordnet, angemessene Kultstätten und Kirchen gebaut. Was angesichts des beträchtlichen Bevölkerungswachstums sich funktional verstand, war aber noch mehr die Frage einer angemessenen Repräsentation für den erhöhten Fürsten. Ludewig I. suchte für diese große Aufgabe einen adäquaten Stadtplaner und Architekten und fand ihn in Georg Moller.

Daß er mit ihm einen nachhaltig guten Griff getan hat, zeigte seine Residenz mehr als ein Jahrhundert mit ihren großzügigen Quartieren und Plätzen, bis sie der Zweite Weltkrieg 1944 in dem Feuersturm einer Bombennacht hinwegfegte und die einst gerühmte „Mollerstadt" in die Historie zurückverwies.

Aber als August und Luise von Ploennies in ihre Wohnung an dem heute noch immer dreieckigen Ludwigsplatz einzogen, war dieses Wohnquartier noch ganz neu und gewann insofern eine besondere Bedeutung, als Georg Moller ihm eine städtebauliche Schlüsselfunktion zuwies: Er schloß mit den fünf Straßen, die dort zusammenlaufen, die östliche Altstadt über den Markt an die von ihm neu projektierten Wohnviertel im Süden und Westen an. Und eben hier, einem der Herzstücke von „Onkel Mollers" großzügigem Plan, betrat das junge Paar gemeinsam die öffentliche Bühne. Hier machte Luise zum ersten Mal von sich reden, und zwar beispielhaft für den Zug der Zeit. Umgang und Freundschaft suchte sie ganz gezielt in den intellektuellen bürgerlichen Kreisen, die im 19. Jahrhundert sowohl staats- als auch kulturtragend werden sollten. Und wenn sie die traditionelle Frauenrolle, die ihr das herrschende Regime zuwies, auch zeitlebens nie in Frage stellte, so nutzte sie doch ihre Freiräume mit emanzipatorischer Souveränität. Ohne die Etikette zu verletzen, erwarb sie sich Anerkennung, Bestätigung und Unterstützung als bedeutende Dichterin. Selbstbewußt und charmant führte sie ein offenes Haus, und viele Gäste kamen.

An ihr äußeres jugendliches Erscheinungsbild erinnert sich eine wesentlich jüngere Freundin noch fünfzig Jahre später, geradezu schwärmerisch: „Ihre Gestalt war von mittlerer Größe, schlank und von feiner Haltung, ihr Antlitz ansprechend und geistvoll, die Stirn edel gewölbt, Augen und Haare waren braun und glänzend. Ihr Wesen war aristokratisch und liebenswürdig zugleich, von weiblicher Anmuth und tiefer Bildung durchhaucht." Was Wunder, daß der leidenschaftliche Dr. Ploennies wie ein Löwe um sie gekämpft hat. Er soll übrigens auch ein „eigenthümlicher Charakter" gewesen sein, gewiß unähnlich seinem verhaßten Schwiegergroßvater, aber zweifellos auch heftig, wortwörtlich übernommen: „geistvoll, sarkastisch, gelehrt, genial und wunderlich". So darf man annehmen, daß Luise wohl auch in ihrer Ehe nicht gerade auf Rosen gebettet war. Aber sie muß ihre Rolle als junge Hausfrau des frischgebackenen Medizinalrats mit Gewandtheit und Charme versehen haben. Sie liebte ihren, wie sie viel später in einem Brief eingestand, „schwierigen" Mann, und er unterstützte sie großzügig in ihren poetischen Neigungen. Zeitweise soll er sogar einen Schreiber zu ihrer Unterstützung eingestellt haben, berichtet ihre Freundin Emilie Mangold. Zweifellos hat sie sich in ihren ersten Ehejahren nicht als Dichterin begriffen, eher als Herrin eines großzügigen, offenen Hauses und vor allen Dingen als Mutter. Neun Kinder hat sie zur Welt gebracht, zwei sind im Kindesalter gestorben. Der Tod ihres ältesten Söhnchens muß eine wesentliche Zäsur in ihrem Selbstverständnis gebracht haben, danach gewinnt ihre Poesie an Tiefe.

Ihre Fähigkeit, sich bildkräftig in einer gebundenen Sprache auszudrücken und mit eingeborenem Sprachgefühl fremdsprachige Texte ins Deutsche zu übertragen, kann als Naturtalent gehen, durch das sie ohne besonderen Eifer Bewunderung erlangte. Das kunstsinnige, musikalische und literarische Darmstadt erschloß sich ihr leicht. Wer während dieser dreißiger Jahre von sich reden machte, ging in dem gastlichen Haus der Luise v. Ploennies ein und aus. Seit 1835 fand sich die geistige Elite der Residenz in einem Kunstverein zusammen: Wissenschaftler, Politiker, bildende Künstler, Musiker und Literaten, Literaten zumeist. Diese Künstlervereinigung hatte eher die Qualität eines gesellschaftlichen Salons in der Tradition einer Henriette Herz oder Rahel Varnhagen. Als sie 1839 aufgelöst wurde, trafen sich die Freunde dann meistens im Hause Ploennies zu Vortrag und Austausch. Warum sie sich in den privaten Raum zurückzogen?

Bei der Jahreszahl 1839 kommt mir in den Sinn, daß um diese Zeit das gesellige Leben der gebildeten Stände schon längst nicht mehr das war, was wir Nachgeborenen uns darunter vorstellen. Die Juli-Revolution von 1830 in Frankreich hatte nicht am Rhein halt gemacht, sondern war mit ihren Ideen längst über sein östliches Ufer geschwappt. Die Regierung in Darmstadt und die Ständeversammlung lagen ständig im Streit um die Machtbefugnisse. Eine demokratische Fraktion mit dem Ziel, das Fürstentum grundsätzlich abzuschaffen und statt dessen eine Republik auszurufen, war im Wachsen begriffen.

Aber noch schien das Regiment sicher. Die meisten Abgeordneten, später ausdrücklich als die Liberalen bezeichnet, standen unverbrüchlich hinter dem Großherzog. Eine konstitutionelle Herrschaft wollten sie haben und behalten. Aus gutem Grund. Nur durch sie wurde gewährleistet, daß das Mitspracherecht in der Politik auf einen eng begrenzten Personenkreis beschränkt blieb. Wahlrecht hatten nur diejenigen, die durch entsprechenden Grundbesitz oder vergleichbar hohe Jahreseinkommen die bestehenden Machtverhältnisse garantieren konnten. Von selbst ergibt sich, daß Hofbeamte aus berechtigtem Eigeninteresse dieser Gruppierung angehörten und keinerlei Interesse haben konnten, die Verhältnisse zu verändern.

Der Hofrat und Medizinalrat Dr. v. Ploennies gehörte gewiß dazu, zumal er sich in jenen Jahren längst eine einträgliche Privatpraxis aufgebaut hatte. Für das politische Tagesgeschäft gab es die Ständekammer, die Entscheidungsbefugnis lag beim Kabinett. Der standesgemäße freie Bürger suchte sich zu entfalten und seine geistigen Bedürfnisse zu kultivieren. So nimmt es denn auch nicht wunder, daß aus der Feder der Dichterin Luise v. Ploennies keine einzige zeitkritische Stellungnahme überliefert ist, ungeachtet der Tatsache, daß im Darmstadt ihrer Zeit die politischen Wogen hoch gingen. Auch in vielen, durchaus bürgerlichen Kreisen fanden sich Vereinigungen und Zirkel zusammen, die neben ihrem kulturellen Anspruch das Zeitgeschehen kritisch diskutierten. Ich denke da z.B. an die vielen demokratischen Volkslesevereine. Noch hielten die überkommenen guten Sitten das Bürgertum zusammen, aber die Zeit lag nicht mehr fern, in der sich die demokratischen und die gemäßigten liberalen Kreise völlig auseinander entwickelten und grundverschiedene Ziele ansteuerten.

Ob die Auflösung des Kunstvereins 1839 tatsächlich mit dem Aufkommen von Volkslesevereinen und ähnlichen aufklärerischen

Einrichtungen zu tun hat, mag dahin gestellt sein, im privaten Rahmen gingen die Treffen weiter. So weiß die Überlieferung, daß Luise v. Ploennies zeitlebens mit geistig hochstehenden Männern und Frauen im „fördernden Gedankenaustausch" stand. Zu ihrem engsten Kreis in Darmstadt gehörten der vielbekannte Kupferstecher Jakob Felsing, der Komponist und Hofmusikdirektor Karl Amand Mangold, die Schriftstellerin Louise v. Gall, der Gymnasiallehrer August Nodnagel, der sie mit seinen Forschungsarbeiten über die deutschen Sagen anregte, der Lyriker Tenner und vor allem ihre Mentoren, Heinrich Künzel zuerst, und dann, als stilbildender Neuerer in den Darmstädter Künstlerkreisen, der Zeitungsmann aus Wien, Eduard Duller. Künzel, ein naher Freund der Familie, übernahm als erster Gedichte von Luise in seine Literaturzeitschrift, Duller brachte sie in seinem *Phönix* und später im *Vaterland* heraus. In diesen Jahren 1838/40 handelte es sich noch ausschließlich um Einzelveröffentlichungen, aber sie fanden offenbar Anklang, denn auch in einer ganzen Reihe anderer renommierter Blätter taucht ihr Name auf, z.B. in Fanny Lewalds *Europa*, dem *Telegraphen für Deutschland*, im *Jahrbuch für Kunst und Poesie*, in der Frankfurter *Didaskalia*, in Cottas *Morgenblatt* u.a. Vor allem sind es immer wieder Übersetzungen aus dem Englischen, in denen sie mit großer Sicherheit über Form und Sprache verfügt. Sie folgte ohne Mühe dem neuromantischen Zug der Zeit mit ihrer durchgängigen Liebe für das wieder entdeckte nordische Erbe. Aber sie ist auch in der Übersetzung des Französischen perfekt. Die lyrischen Formen von Romanzen, Sonetten, Balladen und Dramatischen Dichtungen reizen sie zur Übertragung, wo sie sich finden. So entdeckt sie z.B. auch die kraftvolle flämische Volkspoesie, von der – später einmal – zu gegebenem Anlaß – in Dullers *Vaterland* – berichtet wird: „Ein Theil Belgiens nämlich glühte wieder auf in Liebe zu seinem alten deutschen Stammlande, zur deutschen Sprache, und zur kräftigen Bundesmacht Deutschland – seiner Literatur ... Das Franzosenthum hielt noch manches Herz in seinen Banden gefangen, das nun wieder frei und vaterländisch schlägt usw." Luise v. Ploennies nahm diese Tendenz mit erheblichem Einsatz auf, erlernte das

Flämische von Grund auf, und erreichte dann auch gerade mit der Bearbeitung der Volkspoesie Belgiens und der Niederlande hervorragende Erfolge als Dichterin. In England war sie eher als Übersetzerin bekannt geworden und stand im regelmäßigen Austausch mit englischen Verlegern.

Als Mittelsmann nach England setzte sich vor allen der Literat und Publizist Heinrich Künzel für die junge Luise ein. Er wird es auch wohl gewesen sein, der sie mit dem englischen Verleger Medwin in Verbindung brachte, einem guten Kenner Byrons, dem wohl berühmtesten Dichter der englischen Romantik. Als Vetter Shelleys bot er obendrein Einblicke in familiäre Zusammenhänge und berufliche Beziehungen. In Pisa gehörte er 1822 zu dem Kreis, der den Tod Shelleys bei einem Bootsunfall unmittelbar miterlebte. Für Luise v. Ploennies war Medwin ohne Zweifel eine denkbar gute Anlaufstelle, wer immer auch ihr dazu verholfen hatte. Denn Medwin, ihr späterer „Londoner Verleger", wohnte seit 20 Jahren in Heidelberg und widmete sein besonderes Interesse deutschen Dichterinnen. Besser hätte sie es nicht treffen können! Aber was sage ich da! Authentisch, wie nur sie selbst es begründen konnte, hat sie Thomas Edwin in einer Kurzbiographie beschrieben. Sie ist in einem Gedichtbeitrag von ihm, den sie einer (späteren) Ausgabe ihrer Sammlung *Englische Lyriker des 19. Jahrhunderts* vorangestellt hat, punktgenau seinem Leben und Wirken nachgegangen:

„Bevor wir von der Dichtergruppe scheiden, deren glänzendste Sterne Byron, Moore und Shelley gewesen sind, müssen wir noch eines Mannes gedenken, der ihnen mehr oder weniger im Leben und in den poetischen Richtungen nahe gestanden hat. Er wurde 1790 in Horsham in Sussex geboren und war von mütterlicher Seite her mit dem Dichter Shelley verwandt. Die beiden Vettern waren viel und gern in und außer der Schule beisammen; als Knaben betrieben sie das Fischen gemeinschaftlich, später vereinigten sie sich in ihren poetischen Versuchen und schrieben ein größeres Gedicht, dessen geheimnisvoller Stoff ‚der ewige Jude', ihre Phantasie entzündet hatte. Dies war um 1808, später wurden die ersten vier Gesänge, die Medwin angehörten, in Frazers Magazine *abgedruckt, und der Rest des Gedichts blieb als des Druckes unwert zurück. Medwin hat sich durch seine Übersetzungen des Aeschylos, die in* Frazers*

Magazine *abgedruckt wurden, als gelehrter, verständnisinniger Poet erwiesen, am bekanntesten wurde sein Name jedoch durch seine* Conversations with Lord Byron, *welche mehrere Auflagen erlebten, dann durch die* Shelley Papers *und endlich durch eine Biographie Shelleys, die von einer rührenden Liebe und Verehrung für den von ihm so hochgestellten Dichter zeugt...*

Medwin war mit den bedeutendsten Dichtern jener Zeit befreundet oder bekannt, als da sind: Byron, Shelley, Leigh Hunt, Moore, Horace Smith, Procter, Mrs. Hemans, Lamartine, Bartolini, Washington Irving usw. Seine Freundschaft für Justinus Kerner sichert ihm unsere Sympathie. Andersens Nur ein Geiger *ist von ihm ins Englische übertragen worden, so auch viele unserer neueren lyrischen Gedichte. Medwin lebt seit 20 Jahren in Heidelberg.“*

Aber ich eile der Zeit voraus. In jenen Jahren um 1840 war Luises Bekanntheitsgrad als Dichterin noch nicht sehr weit über Darmstadts Grenzen gediehen, wenn ihre Mentoren sich auch schon um sie scharten. In ihrem großen Haushalt mit acht Kindern waren ihre dichterischen Unternehmungen eher eine Freizeitbeschäftigung, die auch bei ihrem Mann Anerkennung fanden. Eine Veränderung in Richtung „überregionale Bekanntheit" brachte ihr kein Geringerer als Ferdinand Freiligrath, der in der literarischen Welt bereits fest etabliert war. Dieser Dichter mit seinen Vorlieben für Exotisches und Hochdramatisches hatte seine Fan-Gemeinde (so würde man heute sagen) um die Wende der dreißiger zu den vierziger Jahren des 19. Jahrhunderts fest im Griff. Die Biographie des Dreißigjährigen (geboren 1810 in Detmold) war ebenso ungewöhnlich wie sein Naturell. Weil eine beträchtliche Erbschaft von einem Onkel in London ausstand, erhielt der junge Mann als Rüstzeug erst einmal eine gediegene kaufmännische Ausbildung, die ihn dann auch tatsächlich nach England führte. Aber der Kaufmannsstand lag ihm nicht, sein gesamtes Interesse galt der englischen und französischen Literatur, besonders den Autoren der Romantik. Auf diesen Spuren entfesselte sich eruptiv seine eigene Dichtkunst, und sie kam in Deutschland sofort an. So verließ er sein englisches Kontor und kehrte in die Heimat zurück. Seine Einkünfte ließen es zu, daß er ein Jahr lang privatisierte und in dieser Zeit sogar die Zustimmung seines Souveräns, des Königs von

Preußen, fand, der ihm eine Jahrespension aussetzte. In Weimar hatte er die Frau seines Lebens kennengelernt, Ida Melos, die ihm eine adäquate Partnerin für gute und schlechte Zeiten werden sollte. Das war zu Beginn der vierziger Jahre, und eben dann machte er die Bekanntschaft mit Luise v. Ploennies.

Allerdings war nicht er es, der die Verbindung herstellte, sondern jener Heinrich Künzel aus Darmstadt, der sich als Mentor der Luise schon längst hervorgetan hatte. Unterdessen war ihm Freiligrath begegnet und in einem intensiven Meinungsaustausch nahe gekommen. Beide Männer verband die Tatsache, daß sie von ganz verschiedenen Berufsbildern zur Dichtung gekommen waren, Freiligrath aus dem Kontor, Künzel, promovierter Theologe, aus der Kirche. Gemeinsam waren sie dabei, ein größeres Projekt zu realisieren, eine deutsch-englische Literaturzeitung. Titel: *Britannia*.

Freiligrath hatte nicht nur ein gutes Renommee, sondern auch wichtige Gönner, z.B. Ludwig Uhland, Gustav Schwab und nicht zuletzt Adalbert v. Chamisso, und das, obwohl seine publizistischen Unternehmungen nicht immer glücklich verliefen. Mit seinem *Odeon* war es schief gegangen, nun war er im Begriff, mit Künzel einen neuen Anlauf für eine deutsch-englische Literaturzeitung zu machen. Die Briefe gingen hin und her. Schließlich war ein Verleger gefunden. Jetzt mußte nur noch das Programm genau fixiert werden. Künzel schlug als gemeinsame Ausgangsbasis Darmstadt vor, mietete für Freiligrath und seine Frau eine Wohnung in der Sandstraße, und Freiligrath kam.

Dieses knappe Jahr von 1841 auf 1842 brachte der Hessenresidenz eine Sternstunde. Mit Freiligrath hatte sie einen bunten Vogel eingefangen, der ihre literarische Würde national und international erheblich vermehrte. Die Darmstädter Kunstszene ließ nichts unversucht, um diesem Anspruch gerecht zu werden und öffnete ihre Häuser für den genialen Gast und seine Gäste. Die Annalen überliefern illustre Namen: Clemens Brentano, Freiherr Heinrich v. Gagern, nachmals Präsident der Frankfurter Nationalversammlung, dazu Literaten, die heute nicht mehr so bekannt sind. Für die Entwicklung von Luise v. Ploennies erlangten sie aber

beträchtliche Bedeutung, z.B. Moritz Carriere. Er war ein Duz-
freund von Freiligrath, verkehrte wie er in Chamissos Haus und
wird als „junger Philosoph und Zierde der Münchner Hochschule"
apostrophiert. Luise widmete ihm ihren Sonettenkranz *Abälard und
Heloise*. Levin Schücking, Freiligraths junger Adlatus in seinen
Darmstädter Tagen, kam vom Rhein herüber und nahm an den
geselligen Asambléen im Haus von Hofkupferstecher Jakob Felsing
teil. Eine erste Kunstausstellung wurde eingerichtet, Dichterlesun-
gen fanden statt. Der Chronist dieser Veranstaltungen, Wilhelm
Buchner, war in jenen Tagen noch ein Kind, aber sein Vater, Karl
Buchner, Verleger, Publizist und Zeitungsmann, nahm gewiß daran
teil. Über ihn ist ein so umfänglicher Teil von Freiligraths Korrespondenz an den Sohn gekommen, daß dieser sie zu einer authenti-
schen Biographie des Dichters verarbeiten konnte. Ihr Titel: Wilhelm Buchner: *Ein Dichterleben in Briefen*. (2 Bände. Lahr 1882).
Darin wird auch aus einem Brief Karl Buchners über die Darmstädter Zeit zitiert:

*„Im übrigen besaß die stille Hauptstadt des Hessenlandes in jenen Jah-
ren gar manche wissenschaftliche, dichterisch und künstlerisch bedeutende Kraft,
die zwar nicht im weiteren Kreise und für lange Zeit sich wirksam erwies, aber
dennoch zur Gestaltung eines regen geistigen Lebens beitrug. Da war, neben
dem bereits früher erwähnten Dr. Künzel, Freiligraths Genossen bei der Britannia, Frau v. Ploennies, damals nicht unbekannt als lyrische Dichterin und
vornehmlich durch gelungene Übersetzungen aus dem Englischen und Flämischen, Fäulein Luise v. Gall, nachmals Levin Schückings Gattin, Eduard
Duller, der Dichter und Historiker, schon seit Jahren durch Freiligraths Mitarbeit am* Phoenix *und durch die Grabbe-Biographie mit unserem Freund in
Verbindung, der Gymnasiallehrer August Nodnagel, der als Schriftsteller über
deutsche Sprache und Literatur Verdienstliches geleistet hat und bereits seit
Eingang 1837 mit Freiligrath in brieflicher Verbindung stand; der Lyriker K.
C. Tenner und Professor Jakob Felsing, der vorzügliche Kupferstecher und
andere."* Dazu kamen kunstsinnige Häuser: Hallwachs, Jaup,
Hoepfner und Gäste, vorübergehend: Schücking, Moritz Carriere,
Berthold Auerbach, Hachländer, Heinrich Koenig, Otto Müller.
„Kurz, in jenem Anfang der vierziger Jahre besaß Darmstadt durch ansässige

Kräfte und literarisch bedeutende Gäste ein frisches, anregendes geistiges Leben." Die „haute volée" gab sich die Ehre: Clemens Brentano, Heinrich Freiherr von Gagern, Dingelstedt, Moritz Carriere, Frau Grabbe, Frau Gutzkow, Lorenz Diefenbach.

Freiligraths eigene Auslassungen sind, im Gegensatz zu obigen braven Auflistungen, nicht ohne Ironie. An Karl Buchner schreibt er: „Die belletristischen Blätter wandern mit einer Schneckenhaftigkeit nach Darmstadt, die ans Lasterhafte grenzt. Abends war ich in einem kleinen Kreis bei Professor Felsing, um von einer liebenswürdigen Dichterin eine handschriftliche Novelle vorlesen zu hören, die eben keine Novelle ist, wenn ich den boshaften Kritiker machen wollte, jedenfalls das Epitheton ‚fatalistisch-pathologisch' geben würde. Eine einfach erzählte Begebenheit aus dem wirklichen Leben, in der am Ende das sühnende Schicksal im Geifer eines tollen Hundes herausgeschwommen kommt, ist, selbst bei aller Unbestimmtheit des noch immer nicht zur Genüge definierten Genres für mich wenigstens keine Novelle. Das Herz und das Gemüt der Verfasserin hab ich auch in dieser Produktion reichlich zu bewundern Gelegenheit gehabt, als Kunstwerk aber hat sie mich durchaus nicht befriedigt."

An welcher der anwesenden Damen Freiligrath mit dieser vernichtenden Kritik seine spitze Feder wohl gewetzt hat? Es könnte Luise v. Ploennies gewesen sein, folgt man der namentlichen Aufzählung des illustren Kreises um Professor Felsing. Selbst wenn eine Novelle nicht das bevorzugte Genre der Lyrikerin gewesen ist, so hat sie sich doch in jener Zeit darin versucht und – eine ihrer Novellen wurde auch veröffentlicht. Eduard Duller, Herausgeber der Monatsschrift *Das Vaterland* publizierte sie in: *Das Vaterland* (2. Jahrgang. Darmstadt 1842). Aber davon später. –

Näher liegend sind die Ereignisse um das Projekt einer deutschenglischen Literaturzeitschrift, die Künzel und Freiligrath in Darmstadt zusammengeführt haben. Es platzte nämlich. Die Verlagsbuchhandlung, die sich dafür interessiert hatte, stieg aus, und für die Blütenträume der Männer gab es ein peinliches Erwachen. Es standen keine finanziellen Mittel für das Unternehmen zur Verfügung. Für den „Standort Darmstadt" bedeutete es das „AUS".

Heinrich v. Gagern, Erster Präsident der deutschen Nationalversammlung

Heinrich Künzel, Literat

Karl Christian Tenner, Dichter

Ferdinand Freiligrath, Dichter

Freiligrath sah sich nun durch nichts mehr veranlaßt, die „stille Hauptstadt des Hessenlandes" länger mit seiner Gegenwart zu beehren und suchte für sich und seine Frau eine neue Unterkunft am Rhein, wo er am romantischsten ist, zwischen Bingen und Bonn. Er fand sie in St. Goar und nahm dort seinen geselligen Umgang mit Künstlern und Literaten auf die gleiche Weise wieder auf, wie er sie vor seinem Zwischenspiel in Darmstadt in Unkel geübt und geliebt hatte. Daß auch diese nächste Station seines Lebens sich nur als malerische Atempause erweisen sollte vor der politischen Wende seines Geschicks, stellte sich erst ein paar Jahre später heraus.

Anders lief es mit dem Erbe, das er in Darmstadt hinterließ. Dr. Künzel, sein vormaliger Partner, nahm sich in der folgenden Zeit vermehrt seiner Darmstädter Entdeckung Luise v. Ploennies an. Auch sie übersetzte die Meister englischer Romantik – wie es hieß – mit „außerordentlicher Formgewandtheit, gründlicher Kenntnis der englischen Literatur und feinem Verständnis für die Eigenart der einzelnen Dichter". Unter dem Titel, unter dem die Freiligrath-Künzel'sche Literaturzeitung n i c h t zum Tragen gekommen war, *Britannia,* legte sie den Grundstein für ihre Professionalität als Dichterin. Gesamttitel: *Britannia. Eine Auswahl englischer Dichtungen alter und neuer Zeit. Ins Deutsche übersetzt. Mit beigedrucktem Originaltext (*Frankfurt a. M. 1843).

Written in March

The cock is crowing,
The stream is flowing,
The small birds twitter,
The lake does glitter,
The green field sleeps in the sun,
The oldest and youngest
Are at work with the strongest;
The cattle are grazing,
Their heads never raising;
There are forty feeding like one!

Like an army defeated
The snow has retreated
And now does fare ill
On the top of the bare hill;
The ploughboy is whooping – anon, anon;
There is joy in the mountains;
There's life in the fountains;
Small clouds are sailing,
The sky prevailing;
The rain is over and gone!

William Wordsworth, geb. 7. April 1792

Märzlied

Es krähen die Hähne,
Es segeln die Kähne,
Der Vögelein Lieder,
Ertönen wieder,
Es glitzert der See im sonnigen Scheine.
Die Alten, die Knaben,
Sie schaffen und graben,
Die Kühe sie grasen
So eifrig im Rasen,
Die vierzig sie grasen wie eine.

Gleich Feindesgewalten,
Die nicht mehr sich halten,
Entfloh vor den Strahlen
Der Schnee aus den Thalen,
Ihm nach höhnt der Pflüger: Ade!
Auf den Bergen ein Singen,
In den Thälern ein Klingen,
Grün unterm blauen
Himmel die Auen,
Vorüber ist Regen und Schnee.

Old Familiar Faces

I have had, playmates, I have had companions,
In my day of childhood, in my joyful schooldays,
All, all are gone, the old familiar faces.

I have been laughing, I have been carousing,
Drinking late, sitting late, with my bosom-cronies,
All, all are gone, the old familiar faces.

I loved a love once, fairest among women;
Close are her doors on me, I must not see her.
All, all are gone, the old familiar faces.

I have a friend, a kinder friend has no man;
Like an ingrate, I left my friend abruptly;
Left him, to muse the old familiar faces.

Ghost-like I paced frowned the haunts of my childhood!
Earth seemed a desert I was bound to traverse,
Seeking to find the old familiar faces.

Friend of my bosom, thou more than my brother
Why west not thou born in my father's dwelling?
So might we talk of the old familiar faces –

How some have died, and some they have left me,
And some are taken from me, all are departed;
All, all are gone, the old familiar faces.

Charles Lamb, geb 1795

Die alten bekannten Gesichter

Ich hatte Gesellen und Spielgenossen
In der Kindheit, der Schulzeit fröhlichen Tagen.
Dahin sind sie Alle, die alten bekannten Gesichter.

Ich habe gelacht, gescherzt und gezecht,
Und gesessen bis spät bei meinen Genossen,
Dahin sind sie Alle, die alten bekannten Gesichter.

Einst hab ich geliebet die schönste der Frauen.
Ihre Thür ist verschlossen, ich darf sie nicht sehen,
Dahin sind sie Alle, die alten bekannten Gesichter.

Wie ein Geist besucht' ich die Stätten der Kindheit,
Die Erde, nun Wüste mir, hätt' ich durchwandert,
Um zu suchen die alten bekannten Gesichter.

O Freund, mir mehr als ein Bruder – warum nicht
Ward'st du im Haus meines Vaters geboren,
Daß wir sprächen von den alten bekannten Gesichtern?

Wie einige starben, mich And're verließen
Wie And're mir wurden entrissen. Alle
Sind fort und dahin, die alten bekannten Gesichter.

Percey Bisshe Shelley's *Ode an den Westwind,* die er, laut Luise
v. Ploennies, „in einem Wald bei Florenz geschrieben, als der
Westwind die Wolken zusammentrieb, welche die herbstlichen Re-
genschauer niedergießen":

Ode to the Westwind

O wild westwind, thou breath of Autumn's being
Thou, from whose unseen presence the leaves dead
Are driven, like ghosts from an enchanter, fleeing,

Yellow, and black, and pale, and hectic red,
Pestilence-stricken multitudes! O thou,
Who chariotest to their dark wintry bed

The winged seeds, where they lie cold an low,
Each like a corpse within its grave, until,
Thin azure sister of the Spring shall blow.

Her clarion o'er the dreaming earth, and fill
(Driving sweet buds like flocks to feed in air)
With living hues and odours plain and hill:

Wild spirit, which art moving everywhere:
Destroyer and preserver, hear, oh, hear!
                    Percey Bysshe Shelley, geb. 4. August 1792

Ode an den Westwind

O wilder West, vor dir dem unsichtbaren
Odem des Herbst's gejagt, entflieh'n den todten
Blätter, wir vor dem Zaub'rer Geisterschaaren.

Die braunen, blassen, gelben, hektisch roten,
Verwelkten alle, trage du sie wieder
In's dunkle Wintergrab, wie dir geboten;

Leg die beschwingten Körner still darnieder,
Daß sie wie Leichen schlummern in den Grüften,
Bis deiner Schwester Auferstehungslieder

Die Erd' erwecken, und in Frühlingslüften
Sich weidend bunte Blumenchöre
Das Thal erfüllend mit den süßen Düften.

Dich freien Geist, der ringsum wallt, beschwöre
Ich nun, Zerstörer und Erhalter, höre.

Christ stills the Tempest

Fear was within the tossing bark,
When storming winds grew loud,
And waves came rolling high and dark,
And the tall mast was bowed.

And men stood breathless in their dread,
And baffled in their skill –
But one was there, who rose and said
To the wild sea, "Be still!"

And the wind ceased – it classed – that word
Passed through the gloomy sky
The troubled billows knew their Lord,
And sank beneath his eye.

And slumber settled on the deep,
And silence on the blast,
As when the righteous falls asleep
When death's fierce those are past

Thou that did'st rule the angry hour,
And tame the tempest's mood, –
Oh! send thy Spirit forth in power,
O'er our dark souls to brood!

Thou that did'st bow the billow's prick,
They mandates to fullfill, –
So speak to passion's raging tide
Speak, and say – "Heart, be still."

Felicia Hemans

Christus stillet den Sturm

Wie war voll Angst die kleine Schaar,
Als vom Orkan erfaßt
Ihr Boot ein Spiel der Wellen war,
Im Sturm sich bog der Mast.

Die Männer standen atemlos,
Da nichts mehr frommen will,
Bis EINER aufstand hehr und groß,
Und sprach zum Sturm: sei still!

Es schwieg der Wind vor Seinem Wort,
Er kannte seinen Herrn,
Die Woge legte sich sofort
Vor seinem Augenstern.

Und Schlummer überkam die Flut,
Nun sie vom Sturme frei,
Sie lag wie der Gerechte ruht,
Wann Kampf und Tod vorbei.

O Herr, der Deines Wortes Macht
An Meer und Wind beweist,
O send in uns'rer Seelen Nacht
Uns Deinen heil'gen Geist!

Und wenn im Sturm der Leidenschaft
Mein Herz nicht rasten will,
Dann komm in Deiner heil'gen Kraft
Und sprich: o Herz sei still!

Die fast zeitgleiche Übernahme des Freiligrath'schen Arbeitstitels
für eine deutsch-englische Literaturzeitung durch Luise v. Ploennies' Veröffentlichung, bringt mich auf den Gedanken, ob sich bereits in der gemeinsamen Darmstädter Zeit eine gewisse eifersüchtige Rivalität angebahnt hat. Gesetzt den Fall, es wäre dazu gekommen, könnte es dann nicht auch möglich gewesen sein, daß
Freiligrath mit seiner vernichtenden Kritik an ihrer Novelle seinem
Ärger Luft gemacht hätte? Im Jahr 1841 erschien nämlich tatsächlich noch eine weitere Novelle von Frau v. Ploennies auf dem
Markt: *Cäcilie. Ein Seelengemälde aus dem Leben* (In: *Iris-Taschenbuch für
das Jahr 1841*). Die Frage bleibt offen, denn das corpus delicti ist bis
heute nicht wieder aufgetaucht.

Eine nachhaltigere Würdigung fand Luises Novelle *Marianna Penella*.
Sie wurde in Dullers populärem *Vaterland* genau dem Kreis des
gebildeten Publikums zugänglich gemacht, zu dem sie selbst gehörte. Und was am Erstaunlichsten ist: verschlüsselt in eine Parabel
bezieht sie darin unerwartet einen politischen Standort. Sie läßt ihre
Heldin einen Widerstandskämpfer lieben. Nicht daß sie es mit diesen Worten ausdrückt, aber der Ablauf der Ereignisse läßt keinen
anderen Schluß zu: Marianna Penella, die schöne Spanierin, liebt
einen edlen Freiheitshelden. Von den korrupten herrschenden
Machthabern und ihren Spitzeln wird ihre Mitwisserschaft an seinen Umsturzplänen entlarvt, aber sie verrät nichts. Getreu und un-

gebeugt nimmt sie ihr Schicksal als Hochverräterin auf sich und wird hingerichtet. Zur Illustration hier eine der letzten Szenen:

„Als der Tag graute, legte Marianna sich nieder, um durch kurzen Schlummer ihrem Körper jene Kraft und Ausdauer zu sichern, welche ihre Seele erfüllten. Sie erwachte, als die Sonne schon hoch am Himmel stand, und kaum hatte sie sich zu dem letzten Gang würdig gekleidet, als die Männer eintraten, welche bestimmt waren, sie zur Hinrichtung abzuholen. Gefaßt trat sie ihnen entgegen, aber empört wandte sich ihr Blick vor dem Kleid der Missetäter. ‚Erlaßt mir diese Unwürdigkeit‘, sprach sie sanft aber fest. Don Diego hatte jedoch strengen Befehl gegeben, ihr keinen Tropfen dieses Kelches zu ersparen. ‚Also als gemeine Verbrecherin soll ich vor meinem Volke erscheinen!‘ sprach Marianna mit edler Entrüstung, und ihre schönen Augen blitzten noch einmal in der Glut des Zornes auf. Dann aber unterwarf sie sich ergeben auch dieser letzten Demüthigung, und vor einem Bilde der Jungfrau niederknieend, sprach sie mit fester Stimme: ‚Heilige Jungfrau! Vergib meinen Feinden, wie ich ihnen vergebe!‘“

Das Thema und seine fiktive Umsetzung fallen aus heutiger Sicht weit auseinander, aber in Luises gelebter Gegenwart hatte es hochaktuelle Bedeutung. Sowohl um 1831 als auch im Jahr 1842, als Duller sie veröffentlichte, war die Diskussion um Tyrannei und Freiheit in aller Munde. Mit ihrer Juli-Revolution 1830 hatten die Franzosen die verhaßten Bourbonen endgültig verjagt und mit Louis Philip von Orleans den sog. Bürgerkönig auf den Schild gehoben. Gerade dieses Ereignis war geeignet, auch reformwillige deutsche – in diesem Fall hessische – Bürger zur Überprüfung des eigenen politischen Standorts anzuregen. Das Modell eines Souveräns, der die bürgernahen Interessen durch ein erweitertes Mitspracherecht im Parlament garantierte, galt bei einem großen Teil des staatstragenden Standes als durchaus begrüßenswert. Dabei blieb allerdings die Krone selbst – wie in Frankreich – sacrosankt. Die liberalen Politikziele machten sich eher im Bereich des Budgetrechts fest, um indirekt über die Bewilligung des Haushalts die Macht des Souveräns einzuschränken. Daß dieser Anspruch mit

38

erhabenen geistigen Gütern wie Geistesfreiheit, Toleranz und Humanität begründet wurde, versteht sich von selbst. Es waren die Güter, denen das gebildete Bürgertum sich ohnedies verpflichtet fühlte, jene fortschrittlich denkende Gruppe, zu der die Wedekinds ebenso gehörten wie die Ploennies'.

Es liegt also gar nicht so fern anzunehmen, daß Luise in ihrer spanischen Allegorie ihren eigenen politischen Standort „verdichtet" hat, allerdings in einer bis zur Unkenntlichkeit veränderten Inszenierung. Der Theaterzettel, hätte es einen gegeben, verzeichnet die Stereotypen eines dramatischen Geschehens: die Heldin (stolz und schön bis in den Tod), der Held (edler liberaler Freiheitskämpfer, geheimnisvoll). Der Feind (kalter, zugleich aufdringlicher Chef des Geheimdienstes). Der Mönch (feiger und geiler Schwächling). Pepita (ungetreue Magd und Verräterin der Marianna). Fiametta (junge hübsche Tochter des Kastellans der Alhambra). Soldat (Geliebter der Fiametta, erschießt sie versehentlich). Die beiden Kinder der Marianna (Kernfiguren der Nebenhandlung und entscheidend für das herbeizuführende schreckliche Ende). Otto (ein zufälliger Zeuge der Ereignisse, später Berichterstatter). Symbol der nicht aufzuhaltenden Tragödie: die heimliche Fahne der Revolution, auf die die Aufständischen schwören, von Marianna gestickt und versteckt).

Diese Novelle wäre rundum geeignet für eine sentimentale Moritat, gäbe sie nicht einen schlüssigen psychologischen Einblick in ihre speziellen schriftstellerischen Fähigkeiten und mehr noch in ihr Selbstverständnis. Daß sie ihre Story in einen historischen Rahmen setzt, gibt ihr die Möglichkeit, einen gesicherten Schauplatz mit der Fülle ihrer eindrucksvollen Sprachbilder zu illustrieren: Spaniens Juwel, die Alhambra, und zwar eine Alhambra im Zustand des Verfalls, wie sie erst im 19. Jahrhundert von den Romantikern wieder entdeckt wurde. Ruinen, unkrautüberwucherte Brunnenhöfe, trutzige Wehrtürme und Mauern zwischen schwarzen Zypressen und duftenden wilden Blumen, die Geheimnisse der in die Wände geschnittenen Schrifttafeln verwandeln die nicht sonderlich originale Geschichte in ein Märchen aus *Tausend-und-eine-*

Nacht. Vor diesem Hintergrund, der in jeder Szene gelingt, wirken die Figuren eher stereotyp. Sie verhalten sich so, wie sie ihrer Rolle nach beschrieben werden.

Bezeichnenderweise nimmt Luise v. Ploennies nicht die politischen Auseinandersetzungen des deutschen Vormärz zum Vorbild, sondern überträgt sie „en bloc" auf Spaniens politische Verhältnisse nach seiner mißglückten Revolution von 1820. Hier wie dort schwelte ein latenter Aufruhr um Bürgerrechte und Freiheit, wurde den restaurativen Mächten der Kampf angesagt. Die Helden der Zeit schworen an verbotenen dunklen Orten in geheimen Zusammenkünften auf ihre Freiheitsfahne. Wenn Luise v. Ploennies ihre Heldin auf die Freiheitsfahne schwören läßt, so probt sie damit den Aufstand gegen weibliche Sitte und sittliche Ordnung. Aber zu guter letzt verläßt sie dann doch der Mut. Überall lauerten die Spitzel und Verräter. Zitat: „,Fernando', sprach schmerzlich aber ruhig Marianna, ,du weißt es, wie innig meine Begeisterung für das Vaterland mit der Liebe zu dir verschmolzen ist! Beide sind eins. Nichts von flüchtiger Glut, nichts vom trügerischen Nebelstern! Diese Begeisterung wird bis zum letzten Atemzug in mir lodern und nur mit meiner Lebensflamme erlöschen. Aber ein Himmelsstrahl hat meine Seele erleuchtet. Die Stimme eines Kindes hat mir die Wahrheit mit siegender Gewißheit ins Herz gerufen. Es wäre groß und schön, für mein Vaterland zu siegen und zu fallen, aber es ist menschlich größer, für meine Kinder zu leben. Erst kommt die Mutter, und dann die Spanierin.'" –

So kehrt die Dichterin bei der Konfliktlösung ihrer widerständischen Novelle doch lieber zu ihrem eigenen Frauenbild zurück. Dieser Schluß erlaubt ihr an verbotenen, wenngleich erhabenen Heldentaten im Geiste teilzunehmen, aber nur als würdiges Opfer. Eine Frau und keinesfalls eine Mutter kämpft aktiv um ein fiktives hohes Ziel, sobald es sie ihrer natürlichen Rolle entfremdet. Nur mit ihrer duldenden und entsagenden Liebe darf sie den geliebten und bewunderten Helden begleiten. Etwas anderes „ziemt" sich nicht. (Der altmodische Begriff ist absichtlich gewählt.)

Luise v. Ploennies hatte zu dieser Zeit einen Haushalt mit sechs Kindern, und es ist durchaus möglich, daß ihr, als sie die Handlung zum Höhepunkt führte, Selbstzweifel kamen. War dieses untypische und damit unweibliche Verhalten ihrer Heldin überhaupt realistisch? Konnte, durfte so etwas sein? Gehörte sich diese verzehrende Leidenschaft und politisch motivierte Vaterlandsliebe überhaupt für eine Mutter? Mit diesen Überlegungen schieben sich die Konturen der Verfasserin vor das Bild ihrer Protagonistin.

Mit ihrer Erzählung *Marianna Penella* holte sich Luise v. Ploennies selber ein. Etwa zur gleichen Zeit übersetzte sie ein Gedicht *Children* von Henry W. Longfellow und ordnete es ihren „Neueren Gedichten" zu. Zunächst das Original:

Children

Come to me, o ye children!
For I hear you at your play
And the questions that perplexed me
Have vanished quite away.

Ye open the eastern windows,
That look towards the sun,
Where thoughts are singing swallows
And the brooks of morning run.
In your hearts are the birds and the sunshine,
In your thoughts the brooklet's flow,
But in mine is the wind of Autumn
And the first fall of snow.

Ah! what would the world be to us
If the children were no more?
We should dread the desert behind us
Worse than the dark before.

What the leaves are to the forest,
With light and air for food,
Ere their sweet and tender juices
Have been hardened into wood;

That to the world are children;
Through them it feels the glow
Of a brighter and sunnier climate
Than reaches the trunks below.

Come to me, O ye children!
And whisper in my ear
What the birds and the winds are singing
In your sunny atmosphere.

For what are all our contrivings,
And the wisdom of our books,
When compared with your caresses
And the gladness of your looks?

Ye are better than all the ballads
That ever were sung or said;
For ye are living poems
And all the rest are dead.

Henry Wadsworth Longfellow (1807-1882)

Kinder

Kommt zu mir, o ihr Kinder,
Denn ich hör' euren frohen Ton
Und die Fragen, die mich verwirrten,
Sie schwanden, und sind entfloh'n.

Geht, öffnet die östlichen Fenster,
Die nach der Sonne hingeh'n,
Wo die fröhlichen Schwalben zwitschern,
Wo die silbernen Wasser zu seh'n.

Euer Herz birgt Vöglein und Sonne,
Und Gedanken wie Quellen so rein,
Durch mein's geh'n herbstliche Winde,
Und der erste Schnee fällt hinein.

Ach was wär' die Welt ohne Kinder,
Wir trügen das Leben nicht mehr,
Denn hinter uns läg' eine Wüste,
Und vor uns wär's dunkel und leer.

Wie die Liebling der Lüfte und Sonne,
Die Blätter, der Waldbäume Stolz,
Bevor ihre schwellenden Säfte
Verhärtet wurden zu Holz

So sind uns Kinder gegeben;
Durch sie dringt der sonnige Schein
Der den nieder'n Stamm nicht erreichet,
Und des Frühlings Lust zu uns ein.

Drum kommt zu mir, o ihr Kinder,
Und flüstert ins Ohr mir weich,
Was die Winde, die Vögelein singen,
In eurem sonnigen Reich.

Denn was ist all unser Streben,
Das Bücherweisheit gewinnt,
Verglichen mit deinem Kosen,
O sonnig lächelndes Kind?

Ihr seid besser als alle Balladen,
Die je ein Sänger uns bot,
Denn ihr seid lebend'ge Gedichte,
Und die andern alle sind todt.

In der Zeit, als die geistreichen Zusammenkünfte der literarischen Avantgarde um Ferdinand Freiligrath in Darmstadt stattfanden, war Luise v. Ploennies zum achten Mal schwanger, im Juli 1841 brachte sie ihren fünften Sohn zur Welt und mußte erleben, daß er kaum zwei Monate später wieder starb. Drei weitere Söhne waren unter zehn, die älteren Kinder zwischen fünfzehn und zwölf Jahre alt. Selbst wenn wir davon ausgehen, daß in einem großbürgerlichen Haushalt jener Tage die Hausfrau nicht unbedingt putzen und kochen mußte, weil sie dafür ein oder mehrere „Dienstmädchen" hatte, so blieb ihr doch in jedem Fall die Verantwortung dafür, daß das vielköpfige Unternehmen am Schnürchen lief. Setze ich die Fülle und Vielfalt ihrer durch Erfolg gekrönten dichterischen Arbeiten gegen ihre unausgesetzten Mutterpflichten, so wird mir einmal mehr klar, daß diese Frau nicht mit der durchschnittlichen Elle gemessen werden kann. Ohne sich dessen bewußt zu sein, bewältigte sie musterhaft die Rolle einer berufstätigen Hausfrau.

So hatte auch ihre Novelle *Marianna Penella* eine Vorbildfunktion, an der sich andere Frauen messen konnten: ohne das traditionelle Frauenbild zu verletzen, leistete sie „Weiblich-Heldenhaftes". Das gefiel, und so ist es kein Wunder, daß Eduard Duller die Novelle 1842 im *Vaterland* herausbrachte, offensichtlich mit Erfolg, denn er hielt auch weiterhin an seiner Autorin fest und stellte ihr sein Blatt immer wieder zur Verfügung. Luise v. Ploennies hatte die literarische Bühne erobert, und diese Bühne war, dank ihrer lang gepflegten privaten Beziehungen zu den berühmten Vorbildern ihrer Dichtkunst, international besetzt. Kritik und Anerkennung kreuzten sich in verknoteten Briefwechseln. Hinzu traten persönliche Verflechtungen, die ihr zu unverhoffter Reputation verhalfen.

Die Schlüsselfigur dazu ist Levin Schücking, der junge Freund, den Freiligrath eingeladen hatte, um ihn zur Mitarbeit an der *Britannia* zu gewinnen. Schücking aber hatte sich bereits für das Angebot entschieden, für den Schwager der Annette von Droste-Hülshoff, den Freiherrn von Laßberg, dessen umfangreiche Bibliothek auf der Meersburg am Bodensee zu ordnen. Angeregt durch Freund Freiligraths Bewunderung für die junge Darmstädter Schriftstellerin Luise von Gall, begann er im September 1842 einen intensiven Briefwechsel mit der ihm persönlich noch nicht bekannten Frau. Brieflich verlobten sie sich. Ein Jahr später wurde die Ehe geschlossen.

Daß diese Eheschließung für seine vormalige Gönnerin, sein ihm in Liebe zugetanes „Mütterchen" Annette v. Droste-Hülshoff ein Schock war, kann man sich vorstellen, und die Worte, die sie in Briefen an ihre vertraute Elise Rüdiger dazu findet, spricht dafür. Mit der ihr eigenen glasklaren Direktheit kommentiert sie, einmal Schückings vorsichtige und nicht einmal großherzige Lösung ihres innigen Verhältnisses, und zum anderen den vermuteten Charakter der Gall. In diesem Zusammenhang bleibt nicht aus, daß auch die inzwischen wohlbekannte Ploennies in ihre messerscharfe eifersüchtige Kritik gerät, etwa wenn sie ihrer „Lieb lieb Lies" brieflich erklärt: „*Kühnast war vor vier Tagen hier, glänzend vor Freude mir Ihr Briefchen bringen zu können, und auch die Gedichte der Plönies – aber lieb Herz, wo haben Sie denn Ihre Augen, oder vielmehr Ihren Geschmack? die sind ja prächtig! – Nicht alle, es ist wäßriges schwächliches Zeug dazwischen, oder vielmehr d a r u m; wie eine saure Schale, – Anfang und Ende – die Einleitung miserabel, – die Liebeslieder ordinär – auch die ersten Balladen noch nicht geradezu ausgezeichnet, aber dann steigt sie auf wie ein Adler, und bleibt das ganze Buch durch (Balladen, Gedichte aus den Niederlanden, vermischte Gedichte) in Einem prachtvollen Schwunge, daß Einem schwindelt; und obwohl ihre Gedichte nicht eigentlich warm sind, so wirkt doch diese g r a n d i o s e Höhe von Poesie so auf das Gefühl (vielleicht noch mehr auf die Nerven), daß mir mitunter Thränen in die Augen getreten sind. – O, Lies, Lies geben Sie sich gefangen! – die macht eher uns alle kaputt, als daß wir ihr etwas anhaben könnten! – ihre paar Tröpfchen lauwarmes Wasser verlieren sich ganz in all* dem sprudelnden Champagner und Niemand wird sie ihr nachtragen, außer Solche die, wie manche Recensenten, nur Anfang und Ende lesen, und dann über die Mitte frisch weg zu scheeren pflegen; (Dies soll keine Spitze seyn, mein Lies hat gewiß Alles gelesen, ist aber aus Liebe zu mir dieses mal total blind.)"

Trotz ihres ehrlichen Bemühens, ihrer Rivalin Gerechtigkeit widerfahren zu lassen, bleibt die Droste scharfzüngig, wenn sie sich an anderer Stelle in dem langen Brief ein Bild von der „Plönies" macht. Es ist nicht ohne Häme und verdeckt damit nur ungenau ihre Eifersucht: „– die Plönies kommt mir zuweilen wie eine aus der Extase erwachte Somnambule vor, die noch eben mit aller Völker Zunge geredet hat, und nun mit einem Mahle kaum plattdeutsch kann. – Schlimmer Moment! und das Ganze dann doch ein königliches Stück Arbeit, obwohl allerdings nach Freiligrathschen und Herweghschen Mustern, eigentlich originell ist ihr Talent nicht, aber die schönste, und durchgängig aufs glücklichste verfeinerte und veredelte Ausbildung eines Freiligrathschen Samenkorns. – Ob Freiligrath dies freuen wird? – Ich zweifele! – "

Auch was die Droste an ihre Freundin weiter schreibt, legt die Vermutung nahe, daß sie den Verlust von Schücking noch längst nicht verwunden hat, denn – immer noch auf Luise v. Ploennies bezogen – setzt sie noch eine Spitze drauf: „Ein Ehepaar weiß ich auch noch, dessen Freude geringer sein wird als sein Erstaunen, – Schückings, sie betrachten die Plönies so gar sehr en bagatelle, und hielten die Ehre mit ihnen bekannt zu seyn für ihren grünsten Lorbeerkranz; – und Luise ist nicht der Art, daß es sie freuen könnte in Zukunft die Hofdame ihrer eigenen (imaginären) Hofdame machen zu müssen."

Der Brief an Elise Rüdiger, die sich nach dem Tod ihres Mannes wieder mit ihrem Mädchennamen Elise von Hohenhausen nannte, wurde vom 11.-14. November 1845 im Rüschhaus geschrieben, also Jahre nach der Zeit, über die seither berichtet wurde. Der Brief ist ein Beispiel mehr, wie wenig die etablierten Kunst- und Dichterkreise sich um die gewaltsamen politischen Aufbrüche ihrer Zeit gekümmert haben. Da ist selbst Freiligrath, der später so leidenschaftlich in den politischen Auseinandersetzungen Stellung

46

Levin Schücking, Schriftsteller

Luise von Gall, Schriftstellerin

bezogen hat, nicht ausgenommen. In jenem Jahr 1841, als er in der Darmstädter Kunstszene seine Rolle spielte und sich mit seinen Partnern einen publizistischen Erfolg als Übersetzer erhoffte, wollte er jedenfalls durchaus noch nichts von dem Dichter als politischer Speerspitze wissen. Er bezieht sich auf ein Gedicht, mit dem Georg Herwegh ihn auffordert, sich endlich gegen den „trostlosen Indifferentismus unserer Poeten" aufzulehnen und Partei zu ergreifen. Er zweifelt, daß Freiligrath „bei den fürchterlichen Kämpfen und Krämpfen unserer Tage nur den Zuschauer" spielen wollte, statt „mit uns und allen Guten der schauderhaften diabolischen Reaktion gegenüber entschlossene Opposition zu machen. Warum sich kopfüber in die Welt der Sagen und hundertmal abgeleierten Geschichtchen stürzen, könnten wir zwei Einen Weg gehen und durch das Band Eines Glaubens verknüpft werden – wie herrlich, wie erwünscht für mich!"

Verwunderlich ist der angeprangerte „Indifferentismus" bei Freiligrath tatsächlich, denn längst hatten sich in jenen Jahren des sogenannten Vormärz hervorragende Persönlichkeiten in Opposition zur traditionellen Fürstenherrschaft zusammengefunden und organisiert, selbst im konservativen Darmstadt. Es sieht aber so aus, als ob davon unberührt, sich die kulturtragenden und umstürzlerischen Kreise im Alltag lange nicht berührten. Freiligrath ist gerade noch ein Beispiel dafür, ehe er dann doch, wie Herwegh es ihm empfahl, Partei ergreift und politische Poesie macht.

Die Künstlerinnen und Dichterinnen aus den angesehenen und hoffähigen Kreisen fühlten sich allerdings in den seltensten Fällen durch die politischen Turbulenzen der sog. Märzrevolution 1848 zur Stellungnahme angeregt, das gilt gewiß für Luise v. Ploennies ebenso wie für das Freifräulein v. Droste-Hülshoff, die ein Gedicht des zum politischen Dichter mutierten Freiligrath folgendermaßen kommentiert:

„*Freiligraths* Leipzigs Todten *habe ich gelesen, oder vielmehr Luischen hat es mir vorgelesen und ich finde es doch recht schön, aber ich fürchte, es wird Schaden anrichten. — C r a s s ist's zwar hinsichtlich der Grundsätze, bis zur Scheuslichkeit, aber sonst weniger schwülstig und mit Ausrufungen überladen als manche seiner früheren Gedichte, und muß auf Gleichdenkende und selbst noch Schwankende einen unseligen Einfluß ausüben, da ich ultraloyale Seele mich nicht enthalten konnte tief davon ergriffen zu werden, als so entstellend und boshaft ich es auch erkannte.- Aber mein Mitleiden mit Freilig. ist nun todt, — mags ihm schlecht gehn! Er verdients nicht besser.*“

Ich will nicht behaupten, daß die Ploennies ebenso ultraloyal war, aber ich vermute doch auch bei ihr einen „Indifferentismus" in politischen Fragen. Sie lebte in ihrer Welt der Poesie und verkehrte mit den Menschen, die es ebenso hielten. Nicht nur als Übersetzerin, sondern auch als eigenständige Dichterin gewinnt sie im folgenden Jahrzehnt überall an Wertschätzung, wofür die – eher widerwillige – Anerkennung der Droste ein Beispiel ist.

Dennoch: ihren größten Erfolg von internationaler Qualität erreichte die Ploennies doch dank ihrer Übersetzungskunst. In ihrer zweiten Sammlung von Übersetzungen mit dem Titel *Ein fremder Strauß* läßt sie neben englischen und französischen Dichtern zum ersten Mal, wie sie im Vorwort schreibt, „stammesverwandte Flamen" zu Wort kommen. Es heißt da: „...*in der schönen Literatur sind es besonders England und Frankreich, welche beständig unsre Aufmerksamkeit fesseln, und diese freundliche Anerkennung von unsrer Seite findet erst seit kurzem in beiden Ländern Erwiderung. Dagegen sind wir beinahe ganz unbekannt mit den Geistesblüten eines stammverwandten Volkes, ich meine die Niederlande... Und doch sind gerade unsre dortigen Stammbrüder, besonders in Belgien, nicht nur von lebhaftem Antheil für deutsche Literatur, sondern überhaupt für das deutsche Element beseelt, und wir üben nur ein schönes Recht der Wiedervergeltung, wenn wir ihre geistigen Produkte Eingang bei uns finden lassen.*"

Die Tatsache, daß Luise v. Ploennies der Eingebung folgte, indem sie die fast übersehene „Schwestersprache" in Wort und Schrift erlernte und sich in flämische Literatur und Volksgut vertiefte, beweist einmal mehr, wie in der Mitte des vorigen Jahrhunderts die Wiederbesinnung auf das germanische Erbe Hochkonjunktur hatte. Mögen in ihrer Jugendzeit in Hanau die *Kinder- und Hausmärchen* der Brüder Grimm ihre erste Begegnung mit Volkskunst gewesen sein, so pflegte sie, nachweisbar durch ihre eigene Themenwahl für erzählende Gedichte und Balladen, zeitlebens dieses Genre. Ihr freundschaftliches Verhältnis zu dem Darmstädter Sagenforscher Nodnagel befestigt diese Annahme. Es ist auch sicher nicht verkehrt, die Uraufführung von Richard Wagners *Tannhäuser* 1845 in Dresden als ein hervorragendes Beispiel der geistesgeschichtlichen Tendenz herbeizuziehen, um so mehr als sich auch der Darmstädter Hofmusikdirektor Carl Amand Mangold an dem Stoff versuchte und seine Version der Sage im Hoftheater zur Aufführung brachte. Mangold und seine Familie gehörten zu den engsten Freunden der Ploennies'. Seiner Tochter Emilie verdanken wir ein ausführliches Lebensbild ihrer mütterlichen Freundin Luise.

Ihre intensive Beschäftigung mit dem Flämischen sollte weitreichende Folgen für die Dichterin haben. Das begann mit einer Einladung flämischer Kreise, ihre Studien zu künftigen Veröffentlichungen an Ort und Stelle zu machen und die flämische Literatur und ihre Vertreter im Land selbst kennenzulernen. Im August des

Jahres 1844 trat sie mit ihrer ältesten Tochter Marie, einem jungen Mädchen von 18 Jahren, die Reise nach Belgien an, die für sie zu einem wahren Triumphzug werden sollte.

In der Ausgabe vom 8. Oktober 1844 berichtet die Zeitschrift *Das Vaterland* ausführlich über die Ehrungen der „geehrten Frau Mitbürgerin": Eine große Zeitbewegung hätte sich *„mit den stillen Studien und literarischen Arbeiten einer sinnigen deutschen Frau zusammengefunden. Ein Theil Belgiens glühte wieder auf in Liebe zu seinem alten deutschen Stammlande..."* An einer anderen Stelle wird aus dem hauptsächlichen Organ der in Brüssel erscheinenden flämischen Partei *Vlaemisch Belgie* zitiert: „*Es war eine Zeit, in der Deutschland hinsichtlich des Flämischen sehr gleichgültig war; aber verwundern wir uns nicht allzu sehr über diese Gleichgültigkeit, wir waren damals noch viel gleichgültiger gegen uns selbst. Das Französenthum hielt noch manches Herz in seinen Banden gefangen, das nun wieder frei und vaterländisch schlägt..."*

Über den Ablauf der Feierlichkeiten wird im *Vaterland* ausgiebig berichtet: „*In Gent wohnten Mutter und Tochter (denn auch die Tochter hat einige flämische Gedichte sehr gelungen ins Hochdeutsche übersetzt), der letzten Sitzung der dortigen literärischen Gesellschaft bei. Ihr geschah dieselbe Ehre, wie vor drei Wochen Uhland; auf den Vorschlag des Literaten J. W. Wolf nämlich ward sie zum briefwechselnden Mitglied ernannt und unter allgemeinem Beifall als Schwester begrüßt.*

In Brüssel hielt die dortige Gesellschaft für niederdeutsche Literatur ihr zu Ehre eine außerordentliche Sitzung, zu welcher man sie einlud. Feierlich von der dortigen literärischen Gesellschaft empfangen und in den Saal geleitet, vernahm hier die Ernennung der beiden Fremden zu allgemeinstem Beifall ... In Antwerpen war die Aufnahme, die Beide fanden, wahrhaft großartig und begeisternd. Die Sitzung welche dort von der literärischen Gesellschaft ihnen zu Ehren gehalten wurde, bestand aus 84 Personen; Dichtern, Schriftstellern, Gelehrten, Künstlern. Auch der berühmteste belgische Maler, Wappers, war darunter und man nahm Mutter und Tochter von Plönnies mit schallendem Händeklatschen in die Zahl der Mitglieder auf. Als C o n s c i e n c e, *ein ausgezeichneter flämischer Prosaist und Mitglied des Vereins, den Vorschlag machte, dem die Damen begleitenden J. W. Wolf aus Gent dieselbe Ehre zu erweisen, entstand ein wahrer Tumult der Begeisterung. Wolf hielt dann eine sehr*

schöne Rede, in welcher er mit Feuer auch im Namen der Damen dankte ...
Ähnlich in Brügge. Die Festlichkeit endigte da mit einem Tableau, griechi-
schem Feuer und feierlicher Überreichung der Diplome durch weiß gekleidete
Kinder..."

Um das Ausmaß der emphatischen Begeisterung der Gastgeber auf den Punkt zu bringen, zitiere ich noch eine gereimte Huldi-
gung, die in Brüssel auf die Gäste ausgebracht wurde, wie sie auch
in dem ausführlichen Bericht aus dem *Vaterland* überliefert ist:

> „Als wir das große Deutschland sahen,
> Wie es den Blick auf uns gewandt,
> Das gab uns muthig Selbstvertrauen,
> Um immer kühner fortzubauen,
> Das heil'ge Werk vollbracht zu schauen,
> War unser pochend Herz entbrannt.
>
> Mag auch der Gallier, eitel träumend,
> Die Grenze seh'n am deutschen Rhein;
> So lang hier noch ein Herz wird schlagen,
> Zu stolz um solchen Hohn zu tragen,
> Und für die Ehre kühn zu wagen,
> Soll Belgien unabhängig seyn.
> Dollmetscher seyet uns'rer Herzen,
> Ihr Frauen; welch ein würdig Pfand!
> Bringt deutscher Blume Brüderkelchen
> Den Heilwunsch aller echten Belgen
> Die an der Gallier Brust nicht schwelgen:
> ‚Heil sey dem deutschen Bruderland!'"

Heutzutage ist für uns solch miserabel gereimter nationaler
Schwulst peinlich und gefühlsmäßig überhaupt nicht nachzuvoll-
ziehen. Aber damals, als Luise und Marie v. Ploennies in Belgien
gefeiert wurden, war der junge unabhängige Staat der Wallonen und
Flamen gerade auf dem Höhepunkt seines Sprachenstreits, gleichzeitig auch der erbitterten Auseinandersetzung zwischen den ka-

tholischen und protestantischen Volksteilen. So ist es kein Wunder, daß auch in dem Artikel über die Dichterinnen der heiße politische Wind der Zeit weht. Er nimmt nicht nur den glühenden Patriotismus der Flamen auf, sondern nährt sich während dieser Jahre nach der Zerschlagung der napoleonischen Hegemonialherrschaft in ganz Europa an der Sehnsucht nach Nationalstaaten. Nicht nur in Belgien und Deutschland, sondern in allen befreiten Ländern zwischen Polen, Griechenland, Italien und Spanien bekamen nationale Bestrebungen einen hohen und höchsten Stellenwert. Auch Luise v. Ploennies schwamm mit ihrem missionarischen Eifer für deutsches und artverwandtes Kulturgut auf dieser Welle. So sehr sich die politischen Gruppierungen um die Jahrhundertmitte auch unterschieden, wenn sie sich die Erneuerung des Deutschen Reichs vorstellten, in ihrer emotional aufgeladenen Begeisterung blieben sie sich untereinander ähnlich. Mit der gleichen Wortwahl und barocker Bildhaftigkeit besangen sie ihre hohen nationalen Ziele: Freiheitsschlacht und Heldensöhne, Morgenröte einer neuen Zeit!

Wir können den Geist dieser Zeit nicht begreifen, ohne den hohen Stellenwert des Nationalgefühls anzusprechen. Alle wünschten sich ein einiges Reich und trachteten, den Flickerlteppich der 33 deutschen Fürstentümer, die der Wiener Kongreß ausgeknobelt hatte, gesamtdeutsch einzufärben. Zwar war man sich durchaus uneinig, welche Farbe und welche Größe dieser Teppich haben und welche Embleme ihn zieren sollten. Eine Kaiserkrone? Oder die Legitimation durch eine Reichsverfassung? Einerlei! Ein allgemeines „Deutschgefühl" rauschte trunken und ungestüm durch den deutschen Blätterwald! Traum und Hoffnung!

Die Jahre zwischen 1833, als Heinrich Künzel zum ersten Mal Gedichte von Luise v. Ploennies in seiner Zeitschrift veröffentlichte, und 1848, als sie ungewollt mit Freund und Feind in ein politisches Fahrwasser gespült wurde, erwiesen sich als ihre unbeschwertesten. Als Übersetzerin erwarb sie sich einen Ruf über die deutschen Sprachgrenzen hinaus; ihre Lyriksammlungen erschienen in rascher Folge: 1844 *Gedichte*, im gleichen Jahr *Ein Kranz den Kindern* und 1851 – dies schon die nachgelassene Ernte aus dem fruchtbaren Jahrzehnt – *Neue Gedichte*. Ihre Reiseeindrücke von Belgien hat sie 1845 zusammengefaßt. Es handelt sich dabei nicht um ein eigentliches Tagebuch, sondern um eine Folge von Stimmungsbildern, Porträtskizzen führender flämischer Persönlichkeiten, Schilderungen des geselligen Lebens, Gespräche über das Theater und Literaturbestrebungen. Beiläufig bringt sie dazwischen Sagen und Übersetzungen aus dem Flämischen oder auch eigene Gedichte, die sich auf einen speziellen Anlaß beziehen. Mit diesem „Quodlibet" folgt sie ganz offensichtlich ihrer Begabung und Vorliebe für die kleine Form, die ihr auch am besten gelingt. Auch Marie, die Tochter, erwies sich unterwegs als gewandte Übersetzerin und gab zwei Jahre später *Die Sagen Belgiens* heraus (Köln 1846). Für sie sollte darüber hinaus die Reise zu einer Lebenswende werden. Sie verliebte sich in den in Brüssel ansässigen deutschen Germanisten Johann Wilhelm Wolf, der sie auf ihrer Ruhmesreise gewandt und beredt betreut hatte. Die Verlobung war ganz schnell beschlossene Sache; bereits ein Jahr später wurde die Hochzeit (in Darmstadt?) gefeiert, und Marie übersiedelte zu ihrem Mann nach Brüssel.

Das sollte sich auch als Abschnitt und Einschnitt in die Welt der Mutter erweisen, die mit ihrer ältesten Tochter zeitlebens besonders nah verbunden war und sich ein Leben ohne sie kaum vorstellen konnte. Aber obwohl es noch in den Sternen stand, war dieser Abschied erst der Anfang eines Trennungsschmerzes, der Luise v. Ploennies' Wesen von Grund auf umprägen sollte. Am 21. Juni 1847 starb ihr Ehemann Dr. August v. Ploennies nach langem schweren Leiden einen qualvollen Tod. Seine Pflege, die Pflege eines unbeherrschten, leidenschaftlich erregbaren, todkranken Mannes muß ihr eine Engelsgeduld abverlangt haben. Über seinen Charakter werden an verschiedenen Stellen höfliche aber eindeutige Bemerkungen gemacht. „*Der Medizinalrath August v. Ploennies*", schreibt Emilie Mangold in ihren Erinnerungen an Luise, „*war ein eigenthümlicher Charakter, geistvoll, sarkastisch, gelehrt, genial und – wie schon von mir angesprochen ,wunderlich'.*" Er liebte und verehrte seine

Gattin, aber er quälte und tyrannisierte sie auf der anderen Seite durch seine Launen. Bereits aus der Zeit vor seiner Verheiratung wird er von einem anonymen Beobachter als jemand charakterisiert, *„der nicht der Mann war, der sich irgendjemand unterordnen konnte".* Das bezog sich damals auf den verhaßten Dr. v. Wedekind. Aber in seiner *„an Schwermut grenzenden Stimmung"* fand er an Luise eine *„theilnehmende Beobachterin. Bald öffnete er ihr sein Herz und fand bei ihr volles Verständnis für seine Bitternisse."*

Diese spärlichen Aussagen, die aber sicher nicht zufällig in Zeitzeugnissen überliefert wurden, gaben auch einen wichtigen Teil der Wesensart der Ehefrau frei. Sie hatte ihren Mann aus Liebe geheiratet, es handelte sich dabei nicht um eine Konvenienzehe, wie sie in jener Zeit häufig durch praktische Erwägungen zustande kam. Im Gegenteil! Sie erzwang sie gegen den Willen des übermächtigen Großvaters, der die Eheanbahnung für seine Nachkommen als sein Privileg betrachtete.

Ich komme auf diese entlegenen Details zurück, weil sie etwas von den Pressionen aussagen, denen sich Luise v. Ploennies die längste Zeit ihres Lebens ausgesetzt sah. Zweifellos hat die Macht der Männer, deren Fürsorge und Liebe sie umgab, ihren Charakter stark mitgeprägt. Mochten die bizarren Ausblühungen von deren Zuneigung sie auch quälen, so nahm sie sie doch mit der Demut an, die sie für weiblich und natürlich hielt. Sie wurden zum Kernstück ihres Selbstverständnisses, das mit Opfermut, Geduld, Treue und Entsagung das Frauenbild vollendete. Aus allen ihren Dichtungen kann man herauslesen, daß ein Abweichen von dieser Norm eine Frau in die Irre, wenn nicht in den Untergang führt. Die Demut wird für Luise v. Ploennies zum Podest für weibliche Stärke. Und so lebte sie auch. Mit neun Kindern war sie „gesegnet", neun hat sie ihrem „Gatten geschenkt", wie es die Sprachregelung der Zeit ausdrückte, zwei von ihnen mußte sie als Kleinkinder begraben. Das war ihr Teil. Den nahm sie an. Unter diesen Aspekt stellte sie auch die Frauenschicksale in ihren Dichtungen.

Es gibt ein persönliches Zeugnis, das diesem Selbstverständnis beredt Ausdruck verleiht. Am 19. August 1847 schrieb Luise v.

Ploennies folgenden Brief an ihre Freundin Luise v. Gall, verehelichte Schücking:

Darmstadt, d. 19. August 1847

„Meine liebste Luise!

Bei meiner Rückkehr aus Brückenau fand ich Ihren lieben Brief vor, der mich wie ein Gruß aus ferner schöner Zeit so wohltätig anwehte, daß ich alles andre bei Seite setze um Ihnen das zu sagen. Es thut mir so wohl mit Ihnen von meinem armen Mann zu reden, weil ich weiß, daß Sie seinen edlen herrlichen Grund gekannt und erkannt haben, darum will ich die damit verbundene schmerzliche Aufregung nicht scheuen und Ihre Fragen beantworten. Der Anfang dieses Übels soll sich schon vor mehreren Jahren gebildet haben, es bestand in einer Krankheit des Zwölffingerdarms, welche ihm die Verdauung so erschwerte, daß er zuletzt fast keine Nahrung mehr nehmen konnte und dabei beinah unaufhörlichem Erbrechen unterworfen war. Dieses entsetzliche Leiden welches seit zwei Jahren sich zu immer furchtbaren Höhen steigerte wurde durch die häufig dazu kommenden Anfälle von fliegender Gicht, oft zu einem Zustand von äußersten Qualen! Dabei wurde natürlich seine Gemüthsstimmung immer gereizter, seine angeborne Energie, seine seltene Willenskraft machten es ihm zwar möglich mit heroischer Anstrengung die Pflichten seines Berufes zu erfüllen, aber er unterlag dafür zu Hause entweder tödlicher Abspannung, oder er gerieth durch Hülfe von Opium u. momentanen Reizmitteln in die exaltiertesten Stimmungen. Alles dies entwickelte sich im Lauf der letzten Jahre so rasch daß wie ich jetzt höre alle die ihn mit klarem Auge beobachteten, diesen traurigen Schluß vorhersahen. Die große Lebendigkeit ja Rastlosigkeit seiner Seele, die Wärme mit welcher er alles umfaßte, die seltene Reizbarkeit seiner Nerven und Sinne, trug wohl viel dazu bei die Gefahr seines Zustandes zu erhöhen und sein Ende zu beschleunigen. Über diese letzte Zeit theure Freundin erlassen Sie mir Ihnen auch nur eine Skizze zu geben sie würde Ihr Herz so schmerzlich bewegen er der so aufopfernd Vielen geholfen hat mußte so unsäglich leiden, daß...... mit dem Entschluß rang seiner Qual ein gewaltsames Ende zu machen. – Aber es ist jetzt alles überstanden, das Immergrün auf seinem Grabe ist schon angewachsen seine Bibliothek aus welcher so lebendiger Nutzen für die Menschheit hervorging weil er sie mit vorurtheilslosem klaren Auge zu benutzen verstand wandert vielleicht in die un-

*gewisseste Hand, und die vielfachen Gegenstände seines Interesses werden aus-
einander gerissen. Das ist nun einmal so!! –*

    *Ich muß Ihnen sagen daß er für Sie liebe Luise nicht nur ein warmes In-
teresse behalten hat, wie es bei seinem, bei der Leichtbeweglichkeit doch so
wunderbar treuen Herzen zu erwarten war, sondern daß ich sogar unter seinen
Papieren schon Notizen gefunden habe, in welchen er mit viel Wärme von Ihnen spricht. In seiner Krankheit habe ich ihn noch mit seiner Flamme für Sie
geneckt und ihm um uns beiden ein Vergnügen zu machen Ihre Novellen vorgelesen. Die frische Grazie der Darstellung berührte ihn sehr angenehm und
führte uns lebhaft Ihr Bild vor die Seele, wobei er immer die alte Anhänglich-
keit an den Tag legte. Seine sonderbare Abneigung gegen Ihre Heirath war
eigentlich nur ein wenig maskierte Eifersucht, er hat es mit meiner Cousine
Cora gerade so gemacht, denn er war doch innerlich zu klug, um nicht selbst
einzusehen, wie unmotiviert diese Abneigung war. So muß ich aber über dies
vertraute Leben nachdenken, mit welchem ja auch der schönste Theil des meinen......, daß es ein Mißgriff von ihm war sich zu verheirathen...... welche bei
dem herzzerreißenden Schlusse dieses viel bewegten Lebens......mir auch einmal
tödlich überwältigend aufdrang, daß er in seinem häuslichen Leben weder
glücklich war noch glücklich machte, hat mich zu mancher ernsten Prüfung
veranlaßt. Ich war anfangs so unzufrieden mit mir selbst, weil ich mir sagen
mußte, daß ich mit mehr Energie diesem Charakter vielleicht eine glücklichere
Richtung gegeben hätte u. gerieth in eine so unglückselige Stimmung, dabei war
meine Gesundheit durch die letzten sieben Wochen, in welchen ich unausgesetzt
diesen Jammer durchlebte, so erschüttert, daß ich mich plötzlich gewaltsam in
eine andre Umgebung versetzte. Dies so oft bewährte Rettungsmittel ...... Na-
turen hat auch bei mir seine Kraft nicht verfehlt. Ich bin jetzt körperlich so
wohl, daß die Stimmung der Nerven mein Urtheil nicht mehr trübt, und sehe
ein, daß ich meiner Natur auch geholfen habe was mir möglich war – auch hat
mir mein armer Freund noch in den letzten Minuten geistiger Klarheit seine
tiefste treue Liebe zu erkennen gegeben.– –*

    *Es ist ihm viel Theilnahme geworden, vor allem hat Pr. Emil sich auf
eine menschlich schöne Weise benommen. Auch meine Kinder haben mir treu
zur Seite gestanden, besonders Louise und es war mir ein schmerzlicher Trost
daß dem zarten Herzen meiner Marie der Anblick dieses......erspart blieb."*

Luise v. Ploennies „ermannte" sich, wie sie an ihre Freundin schreibt, erstaunlich. Unter dem Eindruck, den das qualvolle Sterben ihres Mannes in ihr auslöste, offenbarte sich eine Seite ihres Naturells, die sie bis dahin nicht preisgegeben hatte. Es paßte nicht in das Rollenverständnis der Welt, in der sie lebte: die Ehe mit einem erfolgreichen und großzügigen Mann in gehobener Position, der ihre literarischen Ambitionen nicht nur unterstützte, sondern ihr dafür auch einen angemessenen Wirkungsraum schaffte und sie obendrein mit neun Kindern segnete, mußte einfach glücklich sein. So wollte es das Klischee, und so ist es auch in die Annalen eingegangen. Weder die kurzen Lebensbeschreibungen, noch die posthumen Gedenkartikel in der Zeitung anläßlich ihres hundertsten Geburtstages 1903 und ihres fünfzigsten Todestages 1922 lassen vermuten, daß Luise v. Ploennies fast fünfundzwanzig Jahre in eine extrem dramatische Lebensgemeinschaft gebunden war. Unter diesem emotionalen Druck, so glaube ich, entwickelte sich ihr unschuldiges Reimtalent, spannungslösend, zur Profession. Diese Umformung kam gewiß nicht von heute auf morgen, aber sie ließ eine innere Selbständigkeit wachsen. Nach dem Tod ihres Mannes muß sich ihr eigener Teil dann ganz frei gemacht haben.

Wenige Wochen nach dem Begräbnis und den beklemmenden Nachlaßformalitäten reiste sie nach Bad Brückenau am Fuße der Rhön. Dieses kleine Staatsbad des Königs Ludwig I. von Bayern, das um diese Jahrhundertmitte hohe Konjunktur hatte, paßte genau in ihre seelische Verfassung. Es war nicht modisch, eher abgelegen und still, hatte aber trotzdem Flair. Denn der König beehrte es regelmäßig mit seiner Gegenwart. So auch in diesem Sommer 1847. Und das war nicht ohne Pikanterie, denn in seiner Begleitung reiste seine Favoritin, die Tänzerin Lola Montez zum höchsten Mißfallen der Hofschranzen. Ein gesellschaftliches Problem? Skandalös? Gewiß! Trotzdem machte es Luise v. Ploennies nicht zu ihrem Problem. Sie kannte den König wahrscheinlich von einer früheren Begegnung und zögerte nicht, ihm ihre Aufwartung zu machen und die Montez zu begrüßen. Er dankte es der Dichterin mit hoher

Aufmerksamkeit. Sie tauschten nicht nur höfliche Förmlichkeiten aus, sondern – ganz im Zuge der Zeit – auch gedichtete Zueignungen. König Ludwig, selbst ein Freund der Musen, überschrieb seine Widmung: *Der Dichter an die Dichterin Luise v. Ploennies geb. Leisler.* Sie dichtete ihm drei Jahre später eine lange Ode und widmete ihm 1851 ihren zweiten Gedichtband *Neue Gedichte*. Die Widmung beginnt mit folgenden Versen:

> „Drei schicksalsschwere Jahre sind vergangen,
> Seit ich im schönen Tal von Brückenau
> D i c h , edlen König, fand auf güner Au,
> von lichter Freude Rosenhag umfangen.
> Die Bäume rauschten und die Vögel sangen,
> Die grünen Halme tropften Silbertau,
> Der gold'ne Strahl durchquoll den Himmel blau
> Und D e i n e r Linden duft'ge Knospen sprangen."

Wenn ich mir die Zeit vorstelle, in der diese Begegnung mit dem Bayernkönig in Brückenau stattfand, bin ich verblüfft über die Unbedarftheit der handelnden Personen. Ein überlieferter Brief der Ploennies bestärkt mich in dieser Annahme. Als lebten sie sicher und gesichert in ihrer vertrauten Lebenswelt, vergnügten sie sich königlich, während doch überall in der politischen Öffentlichkeit die Zeichen auf Sturm standen. Nicht der kleinste Schatten davon drang durch die Linden, an denen die „duft'gen Knospen sprangen".

Luise schreibt an eine nahe Bekannte, Frau Rieger, Mutter von Max Rieger, dem besten Freund ihres ältesten Sohnes Wilhelm:

„Meine theure Frau Rieger!
Vor allem habe ich Ihnen herzlichen Dank zu sagen, daß Sie so schnell und gütig meine Bitte erfüllt haben. Diesem Dank hätte eigentlich eine Entschuldigung vorausgehen müssen, aber ich weiß ja wie freundlich Sie zu jedem Freundschaftsdienst bereit sind. Mit Bedauern erfahre ich durch Käthchen, daß Ihr Herr Gemahl wieder einmal einen Gichtanfall zu leiden hat. Ich hatte gehofft,

ein heiterer Sommer werde ihn für das traurige Frühjahr entschädigen! Was mich betrifft, so befinde ich mich in jeder Hinsicht viel besser als da ich Darmstadt verließ und glaube sogar, daß ich keinen passenderen Ort als Brückenau hätte wählen können. Die Gegend ist idyllisch, wahrhaft lieblich ohne gerade romantisch zu sein, sie hat dazu einen zu heiteren Charakter. Die Luft ist hier von einer eigentümlichen Milde, wahrhaft belebend, die Vegetation frisch und üppig, die Stahlquellen stärkend und doch nicht so schwer zu verdauen, als die Schwalbacher. In den ersten Tagen waren die hießigen Verhältnisse durchaus nicht angenehm und ich war auf dem Punkt abzureisen, weil ich mich nicht in die als Norm aufgestellten Sitten fügen wollte. Doch nachdem ich die Ansicht eines sehr gediegenen klugen Mannes, des Freiherrn von der Tann, gehört hatte, entschloß ich mich wie alle anwesenden Damen Lola Montez zu besuchen, und ich habe es nicht bereut. Eine durch die Extreme, die sich in ihr vereinigen, interessantere Erscheinung dürfte schwer aufzufinden sein! – Sie ist Engel und Dämon, hinreißend liebenswürdig in ihrer Freundlichkeit, abstoßend und furchtbar in ihrem Zorn, der sehr leicht erregt ist. Die Liebe des Königs aber für sie ist gränzenlos, sie ist die Seele seines Lebens, es ist dies kein sinnliches Verhältniß wie es den Anschein vor der Welt hat, die sinnliche Seite tritt wenigstens nie zum Vorschein, wohl aber die besorgteste und rührendste Theilnahme, das innigste Wohlgefallen, und eine Selbstverläugnung von seiner Seite, die ans Unbegreifliche gränzt. Ich bin seit acht Tagen plötzlich so in Gunst gekommen, daß der König mich schon mit in sein Kabinett genommen und nicht nur mit der größten Aufrichtigkeit über seine Liebe zu ihr mit mir gesprochen, sondern mir auch seine neuesten Gedichte an sie mitgetheilt hat. Diese sprechen eine so tiefe, ... aufopfernde und glühende Liebe aus, daß man sie nicht ohne Rührung lesen kann. – Ich werde Ihnen viel über diesen lebendigen Roman zu erzählen haben. Seit ein paar Tagen regnet es hier, was für die Gäste sehr unangenehm ist, indem das Beste worauf man hier angewiesen ist, die Luft und das Freie, dadurch verloren gehen. Ich sitze oder gehe sonst den ganzen Tag in den herrlichen Lindenalleen, welche hier eine Fülle von Wohlgeruch verbreiten, die ich noch nie bei uns in solchem Grade gefunden. Von den geräuschvollen Belustigungen habe ich mich sogleich entfernt gehalten, indessen sind diese hier nicht groß. Dagegen habe ich mehrere sehr schöne Spazierfahrten in der Gesellschaft des Königs gemacht, die mich sehr erheitert haben. Es war ein schöner Zug von vierspännigen Wagen, an der Spitze ein sechsspänniger

Leiterwagen, in welchem der König mit den jungen Leuten fuhr; er ist nehmlich von einer Lebendigkeit und Jugendlichkeit, wie ich nichts Ähnliches kenne. Ich fuhr im zweiten königlichen Wagen mit einer Obristenfamilie aus Würzburg (im ersten Lola mit ihrer Gesellschaftsdame). Oben angelangt, empfing uns schon der König auf einem freien Platz, der auf der Spitze des *Dreistelz*, eines hohen Berges, eine herrliche und weite Aussicht bietet. Die königlichen Lakeien hatten bei einem Feuer warme Getränke bereitet, die herumgegeben wurden. Er setzte sich mit den Damen und Herren (letztere alle die Hüte auf) und brachte zuerst meine Gesundheit aus. Dann erzählte er von seinem Studentenleben in Göttingen und stimmte endlich das Lied an: 'Vive la compagnia!' Nach einer Stunde forderte er alle jungen Leute auf, mit ihm hinunter zu gehen, und rannte mit ihnen über Stock und Block, so daß die Jüngsten ganz ermüdet nach Hause kamen. Ich war froh, mit meinem ältlichen Paar aus Würzburg wieder in bequemen Wagen zu sitzen, und war recht erheitert, bis am Abend wie immer die Trauer doppelt über mich hereinbrach! – Ich denke noch vierzehn Tage zu bleiben, das Stahlwasser erhitzt mich gar nicht, ich vertrage es auch im Magen, die Bäder thun mir sehr gut und so hoffe ich gestärkt zu Ihnen zurückzukehren. Wenn nur Ihr guter Herr Gemahl bald wieder ganz hergestellt ist, ich hoffe und wünsche es von ganzem Herzen. Immer muß ich denken: das schreibst du an deinen Mann; es ist mir oft so unglaublich, daß er nicht mehr ist, daß dieser rastlose lebendige Geist mir so ganz entrückt ist, daß ich mich momentan der Täuschung hingeben kann, es sei nur ein schwerer Traum gewesen. Am Ende ist aber unser ganzes Dasein ein Traum – Gott gebe nur, daß uns ein Erwachen beschieden ist, welches die tiefsten Hoffnungen unserer Seele rechtfertigt und verwirklicht!!

Leben Sie recht wohl, meine theure Freundin, einen schönen Gruß an Max, und ich werde suchen, ihm ein Autograph von Lola M. mitzubringen. Vom König habe ich ein werthvolles an mich gerichtetes Gedicht. Darf ich Sie bitten, Wilhelm diesen Brief mitzutheilen? Ich habe so wenig Zeit zum Schreiben. Nicht wahr, Sie zeigen Niemanden diesen Brief als Wilhelm? Ich wünschte nicht, daß in D. viel darüber gesprochen würde, aus manchen Gründen, ich schreibe darum auch sonst Niemand als an Käthchen und Wilhelm. Als der König mich mit hinauf in sein Kabinet nahm, gingen wir durch einen langen grünen Bogengang und er sagte: Das dürfte ich mit keiner anderen thun, sie ist

60

sehr eifersüchtig, selbst auf Männer, als mit einer Dichterin, und sie weiß, daß
Sie ehrlich sind u. es gut meinen."

Ich kann nicht umhin, im Zusammenhang mit diesem, durch zwei Ausrufungszeichen herausgehobenen Satz einem Gedanken nachzugehen, der mir schon beim Lesen von Luises Bekenntnisbrief an ihre Freundin v. Gall aufgefallen ist. So bewegend er ist, nichts spricht darin von einer ausgeprägten Religiosität. Mit keinem Wort bezieht sie sich auf Gott oder christliche Ewigkeitserwartungen. Selbst der Pfarrer, den sie in ihrem Schreiben erwähnt, scheint ihr weniger Trost als Erleichterung gegeben zu haben: *"...vor allem hat Pr. Emil sich auf eine menschlich schöne Weise benommen..."*
Nichts weiter. Auch in ihrem Brief aus Bad Brückenau geht Gott in eine übliche Umgangsformel ein ohne nennenswerten persönlichen Bezug. Ich schließe daraus, daß die Luise v. Ploennies, die wir aus ihren geistlichen Werken kennen, unmittelbar nach dem Tod ihres Mannes ihr Erweckungserlebnis noch nicht gehabt hat. Und dafür spricht auch ihre Herkunftsfamilie und das Milieu, in dem sie bis dahin lebte. Der alte Freiherr v. Wedekind war schon als junger Mann in Mainz Mitglied einer Freimaurerloge und wurde sogar, rufschädigend, mit den verbotenen Illuminaten in Verbindung gebracht. Als Leibarzt des Großherzogs war er in Darmstadt ein Mitbegründer der Loge *Johannes der Evangelist* (die er nach einem Jahr allerdings wieder verließ), die Konfirmation des Sohnes wurde zu einem Skandal, weil der Knabe das lutherische Bekenntnis verweigerte und auf einer reformierten Einsegnung bestand. Ob Dr. v. Ploennies seinerseits Freimaurer war, ist mir zur Zeit noch nicht bekannt, läßt sich aber leicht feststellen und würde in sein Umfeld passen. Luise verbuchte ihre ersten poetischen Erfolge in der Übersetzung englischer Naturlyrik und in ihrer Nachfolge. Alles, aber auch alles spricht dafür, daß das Haus Ploennies seinen ererbten evangelischen Glauben als eine Selbstverständlichkeit pflegte, ohne ihn sonderlich zu praktizieren.

Ende August kehrte Luise v. Ploennies von ihrem Kuraufenthalt in Bad Brückenau nach Darmstadt zurück. Nun war sie allein mit ihren vielen Kindern, eine Frau von vierundvierzig Jahren. In ihrem langen Brief an Luise v. Gall gibt sie über die ganze Schar ein lebhaftes Bild: *„Marie, von welcher Sie so freundlich sprechen, hat sich auf die wunderbarste Weise seit ihrer Verheiratung entwickelt. Sie ist geistig und körperlich ein graziöses liebliches zartes Wesen, tief und innig und von seltener Bescheidenheit. Ich glaube, daß sie viel Talent zur Schriftstellerei hat, sie übersetzt Verse mit der größten Leichtigkeit und schreibt sehr hübsche Briefe. Mein höchster Lebenswunsch ist sie in meiner Nähe zu haben und ich bin entschlossen meine Zukunft an die ihrige zu knüpfen. Wie und wo ist aber noch ungewiß. Wilhelm ist sehr klug für seine Jahre, hat eine seltene Leichtigkeit der Auffassung und schriftlichen Darstellung, ist aber wie die meisten jungen Leute unserer Zeit blasirt ohne gelebt zu haben. Luise ist geistig und körperlich frisch, kräftig und klar und hat ein musikalisches Talent. Franz ist sehr liebenswürdig, wenn er will, gleicht sehr seinem Vater, ist nur nicht so tief, er wird auch Militär. August, der so früh eine Passion für Koteletts hatte, wird nach dem Willen seines Vaters Kaufmann. Carl, den die Musen und Grazien mit Gewalt adoptieren wollten, zeigte noch wenig Sympathie für beide und hat das Aussehen eines hübschen Pagen; leichter dagegen ist meine kleine Theodore, sie war der Liebling ihres armen Vaters und er hatte noch Gefühl für das Kind als er sonst nichts mehr wahrnahm.“* (Es folgt noch eine letzte Seite, auf der von Luises Zukunftsplänen u.ä. die Rede ist. Ich werde sie an anderer Stelle ansprechen. GK)

Für mich ist es bemerkenswert, daß Luise v. Ploennies auch im Zustand äußerster seelischer Anspannung und körperlicher Erschöpfung ihren Realitätssinn nicht verliert. Sie analysiert die unsäglichen Leiden ihres Mannes und die ihrigen ohne eine Spur von Sentimentalität und vermag, sich mit klarem Kopf durch einen selbst gewählten Kuraufenthalt gesundheitlich zu rehabilitieren. Auch das Gruppenbild ihrer Kinder gerät ihr sachlich. Allerdings kann sie nicht verhehlen, daß manche ihr näher stehen als die anderen. Vor allem die Porträts ihrer beiden älteren Töchter: Marie, im Jahr 1847 einundzwanzig Jahre alt, und Luise, achtzehn, zeigen eine unterschiedliche Qualität. Obwohl die Jüngere, die Frische, Starke, Klare sie unermüdlich bei der schweren Krankenpflege unterstützt hat, wendet sie ihre besondere Zärtlichkeit Marie, der Älteren, zu. Sie ist „dankbar", daß das Elend des väterlichen Sterbelagers dem „geistig und körperlich lieblichen zarten Wesen" erspart geblieben ist, und sie bekennt, daß es ihr „höchster Lebenswunsch" sei, sie in ihrer Nähe zu haben. Mit ihrer kategorischen Feststellung, sie sei entschlossen, ihre Zukunft an die der Tochter zu knüpfen, geht sie sogar noch einen Schritt weiter. Von ihren Söhnen bekommt Wilhelm die besten Prädikate. Der Hochbegabte – zum fraglichen Zeitpunkt vierundzwanzig – erfüllt sie mit mütterlichem Stolz, aber alle Knaben bekommen einen Schuß Ironie mit. Das ist ein unerwarteter Zug, den ich bei der poetischen Lyrikerin nicht vermutet hätte.

Insgesamt scheint Luise v. Ploennies weit lebenstüchtiger gewesen zu sein, als aus ihren Schriften herauszulesen ist. Sie nahm ihr Leben und das ihrer unmündigen Kinder fest in die Hand und zögerte nicht, Entscheidungen für sie zu treffen. Eine nächste Entscheidung stand unmittelbar im Raum: wo wollte sie sich mit ihnen niederlassen?

Wo? – An dieser Stelle bedarf es eines Gedankenstrichs. Für ihre Familie machte sie sich stark, für ihr Weiterkommen als Dichterin bewies sie durch ihre weitreichende berufsorientierte Korrespondenz im In- und Ausland eine gehörige Portion Ehrgeiz. Was ihr aber abging, war politischer Instinkt. Man schrieb das Jahr 1847, niemand konnte voraussehen, daß eine Revolution ins Haus stand, aber daß große gesellschaftliche Veränderungen für ganz Europa die Gemüter der Menschen erhitzten, steht außer Frage: die Bürger demonstrierten mit Wort und Werken für eine gleichberechtigte Machtteilhabe. Aber wie sollte das in einem monarchisch-konservativen System möglich sein? Luise v. Ploennies gehörte gesellschaftlich zu dem – ohnedies – privilegierten Personenkreis, der sich das vorstellen konnte. *"Sie sollen ihn nicht haben, den freien deutschen Rhein"*, dieses Lied, das in mehr als hundert Vertonungen durch die deutschen Lande ging, konnte sie gewiß noch aus vollem

Herzen mitsingen, denn um die „große Bundesmacht" Deutschland ging es ihr immer. Aber weshalb sollte sie nicht in ihre monarchisch beherrschten Landesteile gegliedert bleiben? Waren nicht die verfassungsmäßig erzwungenen Einschränkungen schon genug der Kontrolle? Spätestens nach ihrer poetischen Begegnung mit dem Bayernkönig und seiner Geliebten in dem verspäteten Rokokobädchen Brückenau wird klar, daß sie sich als Frau nicht von politischen Kontroversen anrühren ließ. Sie folgte ihrer Sympathie für Ludwig I., obwohl die Affaire Lola Montez bereits seit wenigstens einem Jahr die Gemüter der Untertanen in Wallung brachte und in immer neuen Koalitionen die Ausweisung der Verhaßten stürmisch und stürmischer forderten. Längst war der Versuch des Königs gescheitert, ihr durch eine Einbürgerung die Voraussetzung einer Standeserhöhung zu schaffen. Seine eigene Regierung in München lehnte es ab. Als alle Vermittlungsversuche scheiterten, zogen die Bürger vor die Residenz und erzwangen die Abschiebung der Geliebten und die Abdankung des Königs. Und nun in Darmstadt? Der Boden wurde Luise zu heiß. Sie bekam es mit der Angst zu tun, denn auch in Hessen zog der Sturm auf. In Frankreich tobte die Februarrevolution. Die Bürger verjagten ihren König und riefen die Republik aus. Nun ging es nicht mehr vorwiegend um den „Deutschen Rhein", sondern deutschlandweit um seit langem vorformulierte Volksbegehren wie Presse- und Versammlungsfreiheit, Schaffung einer Bürgergarde, Vereidigung des Militärs auf die Verfassung usw. usw. Buchstäblich im letzten Augenblick gelang es dem Großherzog durch einen geschickten Schachzug, den angekündigten Volksmarsch auf die Residenz aufzuhalten. Er entließ seinen, im Volk verhaßten, Staatsminister Freiherr Karl Wilhelm du Bos du Thil und ersetzte ihn durch den beliebten Liberalen Heinrich von Gagern, langjähriger vertrauter Gast im Haus der Dichterin. Ihm gelang es, die Mehrzahl der Abgeordneten hinter seiner Politik zu versammeln, indem er die Bewilligung der bürgerlichen Grundrechte bei dem Großherzog durchsetzte. Damit war beides gerettet: das monarchische Prinzip und die Konstitution. Luise v. Ploennies konnte aufatmen.

64

Ich gehe sogar davon aus, daß diese diplomatische Lösung ganz auf der Linie des Hauses v. Ploennies lag. Die Verfassungsfrage, die den ganzen Vormärz über der wütende Zankapfel zwischen monarchisch gesonnenen Liberalen und radikalen demokratischen Republikanern war, schien, zumindest in der Residenz, gütlich gelöst und zwar trotz der Tatsache, daß im Jahr 1848 die Demokraten in der Zweiten Kammer die Mehrheit hatten. Sie teilten nur zögernd die Ansicht der Radikalen, die durch eine Revolution mit Hilfe der Odenwälder Bauern im „Büchner'schen Sinn" eine Republik erzwingen wollten. Die gemäßigte Lösung des neuen Staatsministers und späteren Präsidenten der Frankfurter Nationalversammlung kam der Mentalität der meisten Abgeordneten entgegen.

Trotzdem ließ Luise v. Ploennies sich nicht von ihrer Absicht abbringen, in diesen unruhigen Zeiten einen ruhigeren Wohnort für sich und ihre Familie zu suchen. Zügig, mit großer Zielstrebigkeit, trennte sie sich von ihrem großen Haus in Darmstadt und erwarb statt dessen ein kleines Anwesen in Jugenheim.

Jugenheim 1850

Wie steh ich oft gelehnet an die Planken,
Die meines Gartens trauten Raum umzogen
Und seh' die grüne Saat im Wind wogen,
Wenn still des Abends duft'ge Schleier sanken.

Wie weich vom West durchwühlet, alle schlanken
Zahllosen Ähren, anmutsvoll gebogen,
Dort Schwall auf Schwall anspülen, rot umflogen
Den Meeresfluten gleich ihr wallend Schwanken.

Ein Friedensmeer, auf dessen Wellen leise
Die Abendglocken ihrer Schwingung Kreise
Hinspülen als melod'schen Silberschaum,

Bis sie der Abendstern auf goldnen Schwingen
Zum Äther trägt, bis alle Sterne klingen
In meiner Seele süßem Abendtraum.

Ernst Pasqué, der bekannte Volksdichter, der in den folgenden
Jahren als gern gesehener Gast oft bei ihr vorbeischaute und offenbar zu ihrem engeren Freundeskreis gehörte, schreibt über ihr
neues Umfeld: „In der Hauptstraße Jugenheims und auf der rechten Seite
des Baches, stand damals ein einstöckiges Haus mit kleinem Garten zum
Verkauf; für den geforderten Preis von 2000 Gulden wurde es Eigenthum der
Dichterin und im Frühling des bedenklich unruhigen Jahres 1848 zog Frau
von Plönnies mit ihrer Familie, ihren Büchern und Manuscripten in das friedli-
che Asyl ein, das von dem revolutionären Trubel jener Zeit unberührt bleiben
sollte. Hier verlebte die Dichterin eine Reihe selbstzufriedener Jahre, denen
indessen menschliche Heimsuchung nicht ferne bleiben sollte – über die sie ihr
starker Glaube, die Liebe zu den Ihrigen und – die Arbeit sanft hinweg gelei-
teten...“

Wir können uns heute zwar kaum noch vorstellen, daß man
sich vor 150 Jahren mit einem Umzug von Darmstadt nach Jugenheim den Wirren einer Revolution erfolgreich entziehen konnte,
aber Luise v. Ploennies scheint es geglückt zu sein. Sie fühlte sich
da so sicher, daß sie sich alsbald ihren „größten Lebenswunsch"
erfüllte und ihre geliebte Tochter Marie mit Mann und Kind in ihr
neues Heim holte. Welche ihrer anderen Kinder noch zu dem
Haushalt gehörten, ist mir nicht klar. Luise wird namentlich erwähnt, die kleine Theodore war gewiß dabei. Dagegen ist nicht anzunehmen, daß zu diesem Zeitpunkt die Söhne noch zu dem
Haushalt gehörten. Die beiden älteren, Wilhelm und Franz, beide
„Militärs", wie sie schreibt, waren mit Sicherheit bei ihren Garniso-
nen, die jüngeren können ihre Schulausbildung altersmäßig noch
nicht beendet haben und wohnen deshalb wahrscheinlich an ihrem
Schul- bzw. Studienort. Trotzdem müssen wir uns die Hausge-
meinschaft nicht gerade klein vorstellen. Neben Luise saßen die
beiden jüngeren Mädchen und die dreiköpfige Tochterfamilie regelmäßig mit am Eßtisch. Dafür war das Haus, das Luise gekauft

hatte, ausgesprochen bescheiden – Pasqué beschreibt es im einzelnen: „*Das Haus, welches Frau v. Plönnies in Jugenheim besaß, war ein einfaches, einstöckiges Bauwerk mit einer Mansarde; es zählt in der Front sechs Fenster und enthält eine entsprechende Anzahl kleiner, doch recht wohnlicher Räume. Das größte und beste dieser Zimmer nannte die Dichterin scherzweise ihren ‚Saal‘. Hier stand ein Piano und in einem Schrank, auf einem Regal, der nöthige Büchervorrath der Dichterin. Auch an Sitzgelegenheit fehlte es nicht, denn oftmals sah dieser kleine Saal Künstler und Gelehrte aus dem nahen Darmstadt in seinem Bereich und dann wurde musizirt. Meistens jedoch trug Frau v. Plönnies, die eine vortreffliche Vorleserin war, den Gästen ihres Hauses ihre neuesten Dichtungen vor...*“

Es sieht so aus, mir scheint es wenigstens so, daß der Lebensstil der Frau v. Ploennies bescheiden und einfach war im Vergleich zu vielen anderen, die sich seit der Mitte des 19. Jahrhunderts in dem malerischen Bergstraßendörfchen niederließen. Jugenheim hatte dazumal Hochkonjunktur als Luftkurort, die Bergstraße wurde von der „Touristik“ (wenn man diesen Begriff schon gekannt hätte) als „Riviera“ gehandelt. Nirgends blühten Pfirsiche und Mandeln früher als an den sonnigen Hängen des Odenwalds, nirgends dehnten sich, schattenspendend, die Buchenwälder weiter über Berg und Wiesentäler. Mutige Bergwanderer erklommen die trutzigen Burgruinen in der näheren und weiteren Umgebung – ich berichte absichtlich in den blumigen Metaphern, die damals üblich waren. Der Heiligenberg, ruinengekrönt auch er, wurde mit der schlichten Schloßanlage für die nachmalige Großherzogin Wilhelmine bereits 1827 geadelt. Im Gefolge entstanden Hotels und Pensionen für die auswärtigen Gäste und Urlaubsuchenden. Regelrechte Kuren wurden angeboten, etwa Milchkuren auf der sogenannten „Kuralpe“ Kreuzhof, die über den Heiligenberg und das Stettbacher Tal „erwandert“ wurden. Hauptsächlich aus den nördlich gelegenen Ländern, England vor allem, aber auch aus Schweden und den Niederlanden kamen die Reisenden, um an der „Deutschen Riviera“ das zu suchen und zu finden, was ihnen in der Toscana zu weit oder zu teuer gewesen wäre. Auch die Darmstädter Hautevolee zögerte nicht, ihre Sommervillen in die Jugenheimer Gemarkung zu projektieren und zu bauen. So entstand rings um den alten Ortskern ein großes Villenviertel mit parkartigen Gärten und Nebengebäuden. Kurzum, Luise v. Ploennies' Entschluß, sich hier anzusiedeln, war keine singuläre Erscheinung, sondern lag im Trend. Nach dem Haus zu urteilen, das sie dann tatsächlich kaufte, müssen ihre finanziellen Mittel allerdings begrenzt gewesen sein. Anders wäre es auch kaum zu verstehen, daß ihr gefühlvoller Chronist Pasqué den Kaufpreis von 2000 Gulden ausdrücklich erwähnt und sich nach ihrem Wegzug von Jugenheim nach sieben Jahren erst recht darüber wundert, daß die Dichterin es zu dem gleichen Preis wieder veräußerte. Er geht wohl davon aus, daß in der Zwischenzeit die Bodenpreise in dem arrivierten Luftkurort mächtig gestiegen waren.

Heute erinnert nur noch ein bescheidener Denkstein daran, daß hier einmal ein Haus stand, in dem eine „geistvolle Dichterin unsterbliche Werke schuf".

Luise v. Ploennies war sicher keine „gewiefte" Spekulantin, andererseits konnte sie vom Geist allein auch nicht leben. Die zeitraubende Suche nach Verlegern, das Herstellen von erfolgversprechenden Beziehungen zu Literaturzeitschriften und Rezensenten, die umständliche Aufnahme von brieflichen Kontakten, nahmen gewiß einen wichtigen Platz in ihrem Dichterleben ein. Ohne „Öffentlichkeitsarbeit" – so würde man heute sagen – wäre sie in der Dilettantenecke geblieben. Aber sie hatte Ehrgeiz, sie wollte bekannt werden und machte sich deshalb zeitlebens die Mühe, geschäftliche Beziehungen zu knüpfen und zu pflegen. Ein großer Teil ihrer Korrespondenz, die in der Handschriftenabteilung der Hessischen Landes- und Hochschulbibliothek Darmstadt aufbewahrt wird, geht in diese Richtung. Aber auch aus ihren Privatbriefen kann man zwischen familiären Mitteilungen konkrete berufliche Absichten und Zielvorstellungen herauslesen. So listete sie – noch zu Lebzeiten ihres Mannes – in einem Brief an ihre „Kollegin" Luise v. Gall nach Punkten definierte Bitten und Wünsche auf. Sie schickte ihr eine „kleine Ballade", die sie „in der Kölnischen Zeitung mitgetheilt wünschte".

68

Die Geschwister van Eyck

Wie still! du hörst nagen den Totenwurm,
Da horch! schallt die Glocke vom alten Turm,
Und zwölfmal schlägt sie – 's ist Mitternacht –
Beim zwölften Schlag ist alles erwacht
In der Krypta von St. Bavo.

Es rollen die Leichensteine herab
Vom halb versunkenen marmornen Grab,
Aus den Grüften erhebt sich die tote Schar,
Die drunten schlummert manch hundert Jahr,
In der Krypta von St. Bavo.

Und aus dem Grabmal unter dem Chor,
Da gehen die Brüder van Eyck hervor,
Im knappen Wams und im Sammetbarett,
In der Linken die farbige Malerpalett',
In der Krypta von St. Bavo.

Und ihnen folgt eine Jungfrau hold,
Ums bleiche Antlitz wallt lichtes Gold,
Im knappen Mieder mit Sammetbarett,
In der Linken die farbige Malerpalett',
In der Krypta von St. Bavo.

Sie schreiten gemessen in ernster Ruh
Die Stufen hinan und der Pforte zu,
Und sieh, die Türe springt auf und weicht,
Die selige Künstlerdreieinheit steigt
Aus der Krypta von St. Bavo.

Johannes mit Hubert, dem Bruder, tritt
In die Seitenkapelle mit Geisterschritt;
Die Jungfrau folgt und der Vorhang rollt

Herab von des Bildes Farben und Gold
In der Kirche von St. Bavo.

Da strömt ein Glanz durch die dunkle Nacht,
Da strahlt die Kapelle in Wunderpracht,
Still selig schauen die Künstler drein,
Da webt sich ein lichter Heiligenschein
Um die Maler von St. Bavo.

Und wo ein Hälmchen sich trübe zeigt,
Und wo ein Schimmer die Farbe bleicht,
Da frischen die Maler es auf zur Stell',
Drum blieb das Gemälde so leuchtend und hell
In der Kirche von St. Bavo.

So still! du hörst nagen den Totenwurm,
Da rasselt das Uhrwerk im alten Turm.
Die Glocke schlägt Eins – und mit dem Schlag
Muß enden das Werk – bald scheint der Tag
In die öde Kirche von St. Bavo.

Wörtlich geht es weiter: „*Sie ist, noch eh sie in Deutschland erschienen ist, bereits ins Englische übersetzt und wird nächstens in London nebst meiner Biographie und einigen anderen Übersetzungen meiner Gedichte erscheinen. Medwin, der Verfasser der im Sommer erscheinenden Biographie Shelleys, giebt eine Reihe deutscher Schriftstellerinnen in Engl. heraus. An dieses Unternehmen, wie von mir ähnliches auch in Deutschland in Arbeit ist, knüpfen sich Bitten und Wünsche der Herausgeber...*“

Im weiteren Verlauf des Briefes sucht Luise v. Ploennies sich ihrerseits als Vermittlerin für die jüngere Freundin anzubieten. Sie verweist sie an einen Professor Voß in Kreuznach, „S o h n d e s B e r ü h m t e n (Sie wissen, dies ist meistens ein ominöses Vorrecht)“, der offensichtlich eine Anthologie von jungen Dichterinnen plant und sie um Vermittlung gebeten hat. Sie erinnert an ein

„reizendes Gedicht", das sie „dem Ährenleser" mitzuteilen bittet. „*Sie haben es doch noch*", fährt sie fort, „*denn obgleich Sie seitdem des Gebrauches Ihrer Schwingen so vollkommen mächtig sind, so haben Sie doch gewiß jenen poetischen Traum nicht vergessen, welcher so schön beschreibt, wie sie Ihnen zuerst verliehen wurden.*" Zum zweiten rät sie ihr, das gleiche Gedicht – oder ein anderes – zum Übersetzen in Medwins *Literary Ladies of Germany* zu schicken, dazu einige biographische Notizen und eine Ausführung ihrer Schriften.

Dann kommt sie zu ihrem dritten Anliegen, dies wieder in eigener Sache und unumwunden direkt an Luise v. Galls' Ehemann Levin Schücking gerichtet, d.h. im Klartext an den Feuilletonredakteur der *Kölnischen Zeitung*: „*Mein drittes Anliegen ist vor der Hand nur eine Frage, welche ich an Ihren Gemahl richten mögte. Ich bearbeite nehmlich die Biographie Shelleys, welche Medwin im Laufe des Sommers in London erscheinen läßt, für Deutschland, mit Einbeziehung von Dichtungen Shelleys, die ich metrisch übertrage. Da diese Biographie schon lange entbehrt wird und natürlich viel über Byron, Keats, Emilie ..., über die Mutter der Allegra, usw. usw. enthält, so hoffe ich, daß sie sich einer günstigen Aufnahme erfreuen wird. Da Medwin mir die Correcturbogen von London mittheilen läßt, so kann meine Bearbeitung zugleich mit dem Original erscheinen. Meine Frage geht nun dahin, ob Ihr Gemahl einige Auszüge dieser Biographie in der Kölnischen Zeitung aufnehmen, u. auf das Werk aufmerksam machen mögte, ich habe mich noch nicht nach einem Verleger umgeschaut, und diese für mich immer fatale Nachwehe einer angenehmen Arbeit, wäre mir vielleicht dadurch erleichtert. Dürfte ich Sie bitten, liebste Luise, mir bald auf alle meine Gesuche zu antworten, und im Fall es Ihrem Gemahl passend erscheint, mir zu sagen, wie groß die Auszüge ungefähr sein dürfen u. was die Köln. Zg. für den Bogen bezahlt.*"

Die fatale Nachwehe! Geld. Die „mühselige Vermarktung"! Ich komme darauf, je länger ich mich mit Luise v. Ploennies befasse, daß sie wahrscheinlich keine großen materiellen Ressourcen hatte, sondern von dem leben mußte, was ihr Ehemann als beamteter Hofmedikus des Großherzogs verdiente und in seiner gewiß einträglichen Privatpraxis dazu erwarb. Mögen zu seinen Lebzeiten Luises Honorare als Dichterin gerade für ein passendes „Nadelgeld" angenehm und selbstbestätigend gewesen sein, nach seinem Tod bekamen sie in ihrem Budget einen gewissen Stellenwert. Zwar nagte sie mit ihren sieben Kindern nicht gerade am Hungertuch, aber Sparsamkeit und Rücklagen für „magere" Jahre gehörten, wie in anderen Beamtenfamilien, auch zu ihren Zielvorstellungen.

Das spricht auch noch genau so nach Jahren aus einem Brief an Luise von Gall, datiert vom 5. November 1850. Es ist die Zeit, in der das Haus in Jugenheim nicht mehr eine „Art Fluchtburg" vor den gefürchteten Wirren der Revolution ist, sondern sich in die ländliche Idylle verwandelt hat, die die Dichterin so schätzt. Die Revolution hat nicht stattgefunden, ihre äußeren Verhältnisse hat sie regeln können, die geliebte Tochter Marie und ihre kleine Familie sind zu ihr gezogen, alle Kinder gedeihen und machen ihr Freude und so drückt sie sich auch bei ihrer Freundin aus: *„Wilhelm hat mir einen frischen Gruß von Ihnen gebracht, wie hat er Ihnen gefallen und finden Sie ihn seinem Vater ähnlich? Von Franz habe ich gute Nachrichten aus … Der Graf Alfred von Fürstenau, der ihn in seiner früheren Garnison Loschau (?) gesehen hat, spricht sich in einem Brief an meinen Schwager Ploennies sehr vorteilhaft über ihn aus und schreibt, er sei sehr beliebt 'wegen seiner Conduite und voll guten Betragens'.*

Bei allen solchen Dingen, die meinen Kindern oder mir widerfahren, muß ich immer an meinen Mann denken; welche Freude hätte er jetzt an seinen Söhnen, denn sie sind jeder in seiner Art vorzüglich – der Kleinste zwar noch unbedeutend, aber sehr solid, gut, um den genialen Elementen der Familie eine materielle Basis zu sichern."

Als Luise von Ploennies diesen Brief schrieb, war sie offensichtlich mit sich und ihren Verhältnissen im reinen. Sie fühlt sich nirgends wohler als in ihrer gewohnten ländlichen Ruhe, sofern sie nur gelegentlich durch einen anregenden Besuch unterbrochen wird. Aber im gleichen Satz fährt sie fort: *„Da aber auch Gegenbesuch in der Regel nie interessanter zu kommen pflegt, so resigniere ich mich lieber niemand zu sehen als meine Kinder, und spinne mich in meine Phantasie ein."*

Aber dann kommt sie gegen Ende des Briefs doch noch aufs Geschäft. Luise von Galls Ehemann Levin Schücking ist schließlich Feuilletonredakteur der *Kölnischen Zeitung* und sie scheut sich nicht, eine ganz konkrete Bitte zu äußern: *„Bitten Sie doch Ihren Gemahl in meinem Namen, die Gedichte in der Kölnischen oder im Morgenblatt zu beurtheilen. Es ist freilich eine Zumutung, weil die Bitte die Nothwendigkeit einschließt, sie zu lesen. Darum verlange ich nur, daß er sich mit der Sappho befasse zwar auf die angenehmste Weise, woraus aus meiner Bitte an Sie hervorgeht, ihm manches daraus lesen zu wollen. Über Stellen hinaus, welche ich verschiedenen Dichtern mittheilte, sind mir so schmeichelhafte Urtheile zugekommen, daß ich dies Gedicht mit weniger Angst als gewöhnlich in die Welt gehen sehe.“*

Sappho des Westens! Es hat eine ganze Weile gedauert, bis ich dahinterkam, welche Dichterin Luise v. Ploennies mit diesem anspruchsvollen Namen auszeichnen wollte. Aber dann gab sie mir selbst den Hinweis. In ihrer Sammlung von Übersetzungen *Englische Lyriker des neunzehnten Jahrhunderts* von 1867 stellte sie den vorgelegten Gedichten jeweils ein Kurzportrait der jeweiligen Dichter und – sogar in einem besonderen Kapitel herausgehoben – der Dichterinnen voraus. Da war es dann nicht mehr schwer, die als Sappho Gepriesene herauszufinden: *Letitia Elizabeth Landon*, eine „talentvoll anmuthige Dichterin“, die zuerst durch ihre Beiträge in der *Literary Gazette* als L.E.L. bekannt wurde. Aus weiteren Hinweisen entnehme ich, daß sie als Mitarbeiterin an verschiedenen beliebten Zeitschriften und Herausgeberin der besten Almanache eine berühmte Dichterin ihrer Zeit war. Aber Luise v. Ploennies fühlte sich nicht nur durch ihr Werk tief angerührt, sondern mehr noch durch die tragische Wendung ihres Lebens. Nicht mehr die Jüngste, hatte L.E.L. 1838 den Gouverneur von Cap Coast-Castle geheiratet und war ihm schweren Herzens auf das einsame Schloß im Westen von Afrika gefolgt. Nach drei Monaten nahm sie sich dort, verzweifelt heimwehkrank, das Leben.

Luise v. Ploennies fühlt sich der seelenverwandten Dichterin verpflichtet, wie sie es in dem Sonett ausdrückt, mit dem sie ihr eigenes Opus *Sappho des Westens* einleitet:

„Hier steh ich einsam in der Dünen Sand
Mein sinnend Haupt zum Meer hinabgebogen
Und lausche träumend dem Gesang der Wogen
Die melancholisch schlagen an den Strand.

Sie singen mir von ihr, die träumend stand
Wie ich, doch fern in Afrika, umflogen
Vom Meeresschaum, als ihre Lieder zogen
Auf Sehnsuchtsschwingen heim zum Vaterland.

Zu Albions Küste sind sie nie gedrungen,
Das Meer verschlang die seelenvolle Töne,
Die oft durch meinen wachen Traum geklungen.
O rausche mir in frischer Wohllautschöne
Die Melodien zu, die sie gesungen,
Daß sich mein Lied mit ihrem Leid versöhne."

Mit anderen Worten: mit ihrer 85 Seiten langen Versdichtung zur
Erinnerung an das tragische Geschick ihrer Kollegin, stellt Luise
v. Ploennies ihre eigene Rolle als Dichterin zur Position, zumindest
in der Nachempfindung der „Melodien, die Letitia selbst gesungen"
hat und die „nie zu Albions Küste gedrungen sind", weil das Meer
die seelenvollen Töne verschlungen hat. Luise legt die Poesie der
anderen stellvertretend vor.

Sie verfolgt dabei ein Konzept, das sie auch in anderen „Ge-
dichtwerken" verwendet: sie erzählt, weit ausholend, das Schicksal
ihrer Protagonistin, den heimwehstiftenden Abschied von England,
die lange Seereise zu dem einsamen Küstenschloß im fernen Afrika,
ihre heiße Liebe zu ihrem untreuen oberflächlichen Mann, ihr To-
dessprung von der Klippe. Dieser Schluß ist, genau genommen, die
einzige Annäherung an die klassische Sappho.

Ähnlich wie bei ihrer Prosaerzählung *Marianna Penella* fängt
Luise v. Ploennies die Handlung in bildhafte Szenen ein, aber auch
hier kommt sie damit nicht über den Standard der Trivialliteratur
hinaus, ja gereimt, fordert er sogar öfters zu einer unfreiwilligen

Komik heraus. Ihre Qualitäten liegen viel eher in den eingestreuten Balladen und lyrischen Gedichten, die sie stellvertretend für die verschollenen Lieder der Letitia ersinnt.

In einer nachgestellten Anmerkung zu der Sappho des Westens hält sie fest: „Denjenigen, welche in diesem Gedicht historische Wahrheit suchen, ist zu bemerken, daß es auf dieselbe keinen Anspruch machen kann, indem nur die Hauptzüge des bekannten Schicksals einer liebenswürdigen Dichterin darin festgehalten sind, die innere Entwicklung aber einen selbständigen Gang genommen hat. Auch die Todesart weicht von der historischen Wahrheit ab, denn L.E.L. endete, wie bekannt, durch Vergiftung. Aus dem Englischen übersetzt ist nur das Gedicht *Die Nacht auf der See*. Sonette, Balladen etc. sind Originaldichtungen der Verfasserin."

Eine amüsante Miniatur zu den Ploennies' in Jugenheim vermittelt ihre Freundin Emilie Mangold, neben anderen, bereits mitgeteilten Details ihres Lebens, in ihren *Erinnerungen an Luise v. Ploennies* im Monatsblatt *Altes und Neues. Sonntagsblatt für die evangelische Christenheit. 1. und 2. Advent 1875,* und bestätigt damit den vermuteten gutbürgerlichen Lebensstil der Dichterin: *„Es war an einem Samstag zur Mittagszeit im Sommer. Luise saß mit dreien ihrer Kinder am Mittagstisch in Jugenheim, der heute das in Hessen übliche Samstagsgericht: Linsensuppe mit gedörrten Bratwürstchen, enthielt. Da wurden Stimmen hörbar. Ein fremder Herr fragte auf dem Hausflur das kulturunfähige Dienstmädchen, ein ‚ächtes Dorfgewächs', ob Frau von Ploennies zu Hause sei, und diese vernimmt zu ihrem Ärger die oft gerügte Antwort: ‚Geh'n Se nur nin.' — Es klopft! — ‚Herein!' — erneutes und sprachloses Entsetzen — die Löffel entgleiten den Händen. — Der älteste Sohn Lieutenant schießt bolzenstracks in die Höhe mit militärischem Gruße. Der König Ludwig von Bayern steht vor ihnen und ergreift beide Hände der Dichterin.*

‚Meine liebe Ploennies, freut mich, freut mich — gefunden habend — ah, Linsensuppe? mithaben? — deliciös.' — ‚Majestät', stammelt die Dichterin— , aber Linsensuppe mit Würstchen!' — ‚Deliziös, hab Hunger wie ein Rabe, meine charmante Ploennies, nur recht den Teller voll, bitt schön!' Und der leutselige König ließ es sich wirklich vortrefflich schmecken. Die älteste Tochter

*entfernte sich unterdessen geschickt und richtete in der Rosenlaube des Haus-
gartens einen festlichen Kaffeetisch her. Spät nahm der gute alte König Abschied von seiner lieben Freundin und deren Kindern."*

Das klingt wie aus einem Schäferstück des 18. Jahrhunderts oder
noch ähnlicher wie ein Abschnitt aus den Hausmärchen der Brüder
Grimm. Es wurde – wer weiß? – vielleicht von den handelnden
Personen auch so empfunden. Aber in der Welt sah es anders aus.
König Ludwig von Bayern war von seinen eigenen Untertanen von
seinem Thron gejagt worden. Der „bolzenstracks" militärisch grü-
ßende Sohn Wilhelm hatte sich als Offizier des hessischen Großherzogs im Bürgerkrieg gegen die badischen Aufständischen eine
sein ganzes Leben verändernde Verwundung zugezogen, die Dichterin entzog sich den politischen Auseinandersetzungen ihrer Zeit
durch ihre Emigration aufs Land. Was war aus ihrem glänzenden
Darmstädter Künstler- und Dichterkreis geworden? Wenige sind
ihr treu geblieben, der Kupferstecher Jakob Felsing z.B., vormaliger
Gründer des Kunstvereins, oder auch der Musikdirektor Carl
Amand Mangold und seine Familie. Eduard Duller, der brillante
Schreiber und Zeitungsmann? Kaum. Er fiel nicht nur seiner demokratischen Gesinnung wegen, sondern auch als Chef der
deutschkatholischen Gemeinde in Darmstadt beim Großherzog in
Ungnade. Freiligrath, 1841 gern gesehener Gast im Hause Ploennies? Ausgeschlossen! Bereits drei Jahre später wurde er mit seiner
Gedichtsammlung *Ein Glaubensbekenntnis*, in dem er zur allgemeinen
Verwunderung radikalpolitische Ziele vertrat, in die Emigration
getrieben. Levin Schücking? Gleichfalls aus politischen Gründen
verlor er seinen Posten als Feuilletonredakteur der *Kölnischen Zeitung*
und zog auf sein Landgut.

Die Kunstszene lichtete sich. Seit die Nationalversammlung
in Frankfurt zusammengetreten war, um mit den klügsten Köpfen,
die die deutschen Länder aufbringen konnten, eine gesamtdeutsche
Verfassung auszuarbeiten und zu beschließen, erhielten politische
Themen entschieden Vorrang vor schöngeistigen Betrachtungen.
Zum ersten Mal gruppierten sich die Verantwortlichen aus freien

76

Stücken um explizit kontroverse Programme. Vergeblich bemühte sich der Darmstädter Liberale Heinrich v. Gagern als Präsident des Paulskirchenparlaments darum, einen tragbaren Konsens herzustellen. Aber die Gruppierungen verhärteten sich, die zum großen Teil glanzvollen Reden, sowohl der linken Radikalen als der rechten liberalen und nationalkonservativen Abgeordneten, verfehlten ihr politisches Ziel. Nach kaum mehr als einem Jahr löste sich die Versammlung auf und der Rest zog sich 1849 als das sogenannte „Rumpfparlament" nach Stuttgart zurück. Erneut sprachen unterdessen die Waffen. In Baden sammelten sich die demokratischen Dissidenten der herrschenden Ordnung und formierten sich zum Aufstand. Der Staatsstreich, der im Jahr zuvor, durch diplomatisches Einlenken des Großherzogs abgewehrt werden konnte, forderte jetzt die militärische Übermacht der Fürsten heraus. Bei Laudenbach an der Bergstraße kam es zum blutigen Treffen zwischen den regulären Truppen und dem Heer der Freischärler, die sich mit ihren Kampfgenossen aus dem Odenwald vereinigen wollten. Aber sie wurden geschlagen. Leutnant Wilhelm v. Ploennies, der liebste Sohn der Luise, wurde als Offizier des siegreichen Fürstenheeres, kaum 20 Kilometer von dem idyllischen Jugenheim entfernt, verwundet. Er war 21 Jahre alt. Wir trafen ihn bereits im Haus seiner Mutter bei dem Besuch des Ex-Königs von Bayern. Und wer waren damals die anderen zwei, der von Emilie Mangold zitierten drei Kinder? Die älteste Tochter Marie wird namentlich erwähnt, als sie mit ihrer festlichen Kaffeetafel in der Rosenlaube die Situation mit dem erlauchten Gast rettete. Dazu Luise vermutlich, die frische, klare, die lange zum Haushalt gehörte, weil sie erst spät heiratete.

Ich denke an die Mutter Luise in jenen drei Jahren zwischen 1847, als ihr Mann nach langem Leiden starb, und 1849, als man ihren Lieblingssohn Wilhelm verwundet ins Haus brachte, in ein Haus, in das sie sich eben gerade neu eingelebt hatte. Die erste Hälfte ihres Lebens war vorbei, ein wesentlicher Teil abgeschnitten, die weitere Perspektive allenfalls angedacht. Nur ihren wichtigsten Lebensentschluß, nämlich mit ihrer verheirateten Tochter Marie zusammenleben zu wollen, hat sie sofort in die Tat umgesetzt. Marie und die ihren – sie hatte unterdessen einen kleinen Sohn – gaben ihre Wohnung in Brüssel auf und zogen nach Jugenheim. Ohne den unruhigen, genialischen Vater Ploennies formierte sich die Mutter-Familie neu. Aber wieder rückte ein Mann mehr und mehr in den Mittelpunkt: Dr. Johann Wilhelm Wolf, Ehemann der Marie. Wir kennen ihn ja schon. Auf ihrer glanzvollen Reise durch die Städte Flanderns machte er für die deutschen Damen v. Ploennies 1845 den Cicerone und verliebte sich in die junge Marie. Jetzt kam er als Ehemann und Familienvater nach Jugenheim. Wie von seinem verstorbenen Schwiegervater muß auch von Wolf eine große Faszination ausgegangen sein, eine geradezu betörende Überzeugungskraft. Ich vermute, er besetzte den Geist des Hauses v. Ploennies völlig neu. Woher kam er?

Ja, woher kam er? In der *Deutschen Biographie* von 1888 wird er als Sohn eines Gewerbemanns beschrieben, geboren 1817 in Köln. Dort wuchs er auch auf in einem Milieu „katholischer Kirchlichkeit in starker Ausprägung". Seine unwiderstehliche Neigung zu Volkspoesien, Brauchtum und Sitte, hätten einerseits einen Zug zur Romantik, seien aber ebenso und eher mehr geprägt durch eine „Sucht", religiöse Saat und Bedeutung darin aufzustöbern. Von allem Anfang an scheint in seinen Schriften ein mystischer Hauch zu wehen, der „in idealistischer Übertreibung das Alleinseligmachungsdogma der katholischen Kirche" einbezog. Von ihm selbst bezeugt ist die Tatsache, daß in seiner Jugendzeit ein alter Mentor seine empfängliche Einbildung „beinahe stündlich mit religiösen Geschichtchen und Ceremonien genährt" hätte. So kann man es nachlesen in dem Bändchen *Aus der Kindheit* in der von Wolf gegründeten *Katholischen Trösteinsamkeit* (1852, 3. Auflage 1864).

Woraus ich schließe, daß Wolf einen nachhaltigen Einfluß auf Mutter und Tochter ausübte? Ich will das zunächst beispielhaft an einem Phänomen festmachen: dem Marienkult, der seit Wolfs Auftauchen mehr und mehr im Hause Ploennies von sich reden machte. Wann je zuvor hätten sich bei der Dichterin eine solche Hinwendung in ihren Poesien feststellen lassen, und wo sich ein Nachweis erbringen, daß sie sich bei der Auswahl der Dichter und

Dichterinnen, die sie übersetzte, vornehmlich an religiösen Kriterien orientiert hätte? Zwar vermied sie sie nicht, sondern brachte sie, wie sie kamen, aber ihre Neigungen lagen viel näher bei romantischer Natur- und Weltbetrachtung, bei Ästhetik und hoher Moral. In ihren Balladen vertiefte sie sich in historische Vorgaben und handelte diese formal im Volkston ab, wie es ihrem Zeitgeschmack entsprach. Die Droste bezeichnete sie suffisant als ein gelungenes Gewächs aus Freiligrath'schem Samen (ich zitiere sinngemäß, aber nicht genau) und Uhland, den sie schon in Brüssel kennenlernte, hatte ebenso Vorbildcharakter für sie. In Darmstadt gehörte er zu den beliebten Gästen des Hauses. Und die Engländer, die sie übersetzte? Nun denn, Byron, skandalumwittert, war zu seiner Zeit ein Großer, der Größte sogar, leidenschaftlich geliebt, böse gehaßt, schließlich ein gescheiterter Sozialrevolutionär mit seinem spektakulären Einsatz im griechischen Freiheitskampf. Shelley, ein überzeugter Atheist, ins Exil getrieben, durch Gerichtsbeschluß von seinen Kindern getrennt, in langjähriger freier Liebe verbunden mit seiner späteren zweiten Ehefrau Mary, der „Erfinderin" der Figur des „Frankenstein". Luise ließ es sich nicht anfechten, im Gegenteil! Mit feinem Spürsinn erfaßte sie die ganz besonders zarte und empfindsame Seele dieses Dichters und beschrieb sie mit unverhohlener Zuneigung in ihrem Motto, das sie seinen Gedichten in ihrer Anthologie *Englische Lyriker des 19. Jahrhunderts* (2. Auflage, München 1867) voranstellte:

> „Ein Atheist, der heiß nach Gott gerungen,
> Ein Menschenfeind, von Menschenlieb' durchdrungen;
> Ein starker Geist in einer schwachen Hülle.
> Ein Thatenarmer mit Gedankenfülle;
> Verkannt, verbannt als seiner Zeit verderblich,
> An Allem zweifelnd, aber selbst unsterblich."

Auch die englischen Dichterinnen, die Frauen also, wurden nicht nach religiösen Kriterien von der Übersetzerin ausgewählt, sie widmet ihnen in ihrer Anthologie einen eigenen Teil. In den vorliegenden Beispielen von insgesamt sieben Dichterinnen gibt es zwar auch fromme Titel, aber sie sind eher Ausdruck einer überhöhten weiblichen Tugendhaftigkeit, als eines dramatischen metaphysischen Gotteserlebnisses. Willkürlich von mir ausgewählt, kommen die meisten Gedichte über Frühling, Nacht, Heimkehr, Gräber, Engel, Herz und Schmerz einfach romantisch daher und sind andere ebenfalls für die Zeit typische Zueignungen an geliebte, verehrte Personen oder lyrisch verarbeitete traumatische Erlebnisse. Von geistlicher Poesie im engeren Sinn kann nicht die Rede sein, bei den Engländerinnen nicht, so wenig wie in Luise v. Ploennies' Gedichtsammlungen der vierziger Jahre. Die innere Umkehr kam bei ihr gewiß nicht von heute auf morgen, sie überfiel sie nicht als Erweckung, sondern entwickelte sich mehr und mehr unter dem Einfluß ihres fanatisch katholischen, „ketzerverschlingenden" Schwiegersohns, wie es eines ihrer Kinder ausdrückte. So lange sie ihm nur bei gelegentlichen Besuchen in Brüssel begegnete oder Arbeitsblätter schriftlich mit ihm austauschte, war die Beziehung gewiß anregend und fruchtbar und befestigte ihr Interesse an der flämischen Bewegung. Durch Wolfs Vermittlung erschienen ihre Gedichte in flämischer Übersetzung in belgischen Magazinen und Zeitschriften, ihre Erzählung *Marianna Penella* nahm er in die von ihm begründete *Broederhand* auf. Auch späterhin verfolgte Luise die flämische Bewegung mit großem Interesse und schrieb verschiedene Artikel in dem Magazin für die Literatur des Auslandes. In Anerkennung ihrer Verdienste für das belgische Flamentum wurde sie sogar als Mitglied in die Königliche Akademie der Wissenschaften in Brüssel aufgenommen. Auch Marie, die Tochter, ließ sich von ihrem Mann inspirieren und gab unmittelbar nach ihrer großen Reise ein Buch heraus: *Die Sagen Belgiens*. Es erschien bereits 1846 in Köln.

In Brüssel, darüber besteht kein Zweifel, hatte sich Wolf als Sammler und Herausgeber flämischer Volksliteratur einen Namen gemacht und war allgemein anerkannt. Er verkehrte mit Ludwig Uhland und machte die Bekanntschaft des berühmten deutschen Historikers Leopold von Ranke, ein Umstand, der ihn tief beeindruckte. Mit seiner Einordnung niederdeutscher und flämischer

Märchen und Sagen folgte er der Systematik der Brüder Grimm. Aber parallel dazu lief immer die Spur seines fanatischen Katholizismus. Unter dem Pseudonym Johannes Laicus schrieb er sich seine religiöse Leidenschaft von der Seele.

In Jugenheim, im Schoß der evangelischen Familie v. Ploennies, konnte sein Einfluß nicht ohne Folgen bleiben. Einerseits gab es das gemeinsame Interesse an den germanischen Wurzeln der deutschen Literatur, andererseits überfrachtete er die naive Hinwendung mit seinen jederzeit fälligen extremen Deutungen. Mit seinem Schwager Wilhelm durchwanderte er den Odenwald und kehrte dort in viele Bauernhäuser ein, um verborgene und vergessene Volksweisheit aufzuspüren. Gemeinsam gaben sie die Sage vom Rodenstein und Schnellerts heraus.

Luise wandte sich vermehrt der Arbeit an flämischen Volksbüchern zu. Daß diese Arbeit, die in jenen Jahren allgemein im deutschen Trend lag, durch Wolfs gewagte Interpretationen ständig konterkariert wurden, ließ sich nicht vermeiden, wurde aber mehr und mehr als bedenklich befunden, zumindest scheint die Religion in der Familie Anlaß zu heftigen Diskussionen gegeben zu haben. In diesen Jahren des versuchten gesellschaftlichen Umbruchs kochten – nicht nur da – die religiösen Leidenschaften hoch und gaben richtungsweisende Impulse für das politische Handeln. Die Frage, die landauf landab die Gemüter bewegte, lautete: wie können wir unsere glühende Leidenschaft für eine nationale länderübergreifende Bundesmacht mit unseren verschiedenen konfessionell abgegrenzten, kirchlichen Bekenntnissen in Einklang bringen. In Jugenheim traf der konservativ katholische Wolf auf eine traditionell evangelische Familie, die sich bis dahin – so weit erkennbar – nicht mit einer religiösen Version ihrer deutschnationalen Grundhaltung beschäftigt hatte. Aber durch Wolf wurde sie dazu aufgefordert.

Das Thema lag in der Luft und hatte das Generalmotiv: Deutsche Katholiken reißt euch los von Rom und seinen Handlangern, den Jesuiten. Deutsche Christen überhaupt! Verlaßt euere offiziellen Kirchen, versammelt euch in freien Gemeinden, laßt euch von eueren Priestern und Pfarrern nicht zu sog. Wahrheiten verführen, die ihr nicht glauben könnt! Es ist heute kaum vorstellbar, wie damals solche Streitrufe ankamen. In allen deutschen Ländern strömten die Menschen zusammen, lauschten ihren Lehrern, die ihnen den freien Glauben verkündigten und bildeten deutschkatholische Gemeinden. Die evangelischen Dissidenten ihrer Landeskirche nannten sich *Lichtfreunde*. Untereinander waren die Gemeinschaften durchlässig. Die Darmstädter Deutschkatholische Gemeinde wurde bereits am 14. Juni 1845 konstituiert, und auch viele evangelische Christen wohnten der Feier bei. Als aber dann Johannes Ronge, der Begründer der Bewegung, die Gemeinde zum ersten Mal besuchte, war in der Stadt überhaupt kein Halten mehr, und Menschen aller Glaubensrichtungen jubelten dem als „Luther des 19. Jahrhunderts" gefeierten Religionsführer zu. Von Haus aus war er katholischer Priester, seine öffentliche Absage an jegliche Reliquienverehrung als Aberglaube brachte ihm die Exkommunizierung und Ausschluß aus der römischen Kirche ein. In der gleichen, heute kaum noch nachvollziehbaren Weise wuchs seine Anhängerschaft von Tausenden zu Abertausenden. Überall in den deutschen Ländern entstanden deutschkatholische Gemeinden und organisierten sich offensiv, offensiv demokratisch im Gegensatz zu den Landeskirchen und dem Episkopat.

Für den dogmatisch katholischen Rheinländer Johannes Wolf war diese Entgleisung schlichtweg ein Sakrileg, das er mit wütender Feder bekämpfte, wobei er sich seines Pseudonyms Johannes Laicus bediente. Die beiden Seelen in seiner Brust, die Liebe zur deutschen, oder besser noch germanischen, Volkskunst und sein strenger Kirchenglaube liefen auf zwei verschiedenen Schienen und ließen sich darum nur schlecht miteinander vereinbaren. Das führte zu Irritationen. Da heißt aber nicht, daß die Dichterin etwa Neigung hatte, sich der Deutschkatholischen Gemeinde anzuschließen, bzw. die evangelischen *Lichtfreunde* zu unterstützen. Deren gleichmacherische Tendenzen, die sich in einer demokratisch organisierten Gemeindeordnung niederschlugen, lagen nicht auf ihrer Linie. Kirche bedeutete für sie, wie sie in all ihren Schriften bekannte, ein hierarchisch gegliedertes System, in dem jeder Mensch, seinem

Stand entsprechend, einen gottgewollten Platz einnahm. In dieser Hinsicht hatte sie mit Wolf keine Probleme. In ihren traditionellen Vorstellungen von „Obrigkeit" stimmten sie überein.

So blieb es zunächst dabei, daß in den ersten Jugenheimer Jahren Luise ihre im Manuskript vorliegenden Gedichte in aller Ruhe überarbeiten und für den Druck fertig machen konnte. Sie war unterdessen bekannt genug, um für ihre verschiedenen kleinen Sammlungen jeweils Verleger zu finden. Mit weiteren Übersetzungen aus dem Französischen, Flämischen und Englischen folgte sie den Spuren der *Britannia* mit der Anthologie *Ein fremder Strauß*. Ihre eigenen Gedichte fanden Eingang in Thomas Medwins *German Literary Ladies* und wurden in den einschlägigen angelsächsischen Kreisen wohlwollend aufgenommen. So viel kann man sagen: mit dem Ertrag ihrer ersten Lebenshälfte lag sie auf der Linie der englischen neuromantischen Dichter, viel mehr, sie folgte ihr, denn ihre schon genannten Vorbilder Byron, Shelley, Keats, Moore und Felicia Hemans waren ihr schon um eine Generation vorangegangen.

Teil 2: Innere Wandlung

Es ist sicher nicht verkehrt, die Luise v. Ploennies der zweiten Jahrhunderthälfte ganz neu zu bewerten. Hatte sie sich auch schon früher mit historischen Stoffen beschäftigt und sie in ihre kleinen poetischen Formen umgegossen, so gewinnen diese Vorgaben seit ihrer Jugenheimer Zeit einen grundsätzlichen Stellenwert. Jetzt übersetzt sie sie nicht mehr, sondern übernimmt sie als Grundlage für formal und inhaltlich eigenständige Konzepte. Sie verwandelt – ungenau ausgedrückt – Prosatexte in handlungsreiche Verserzählungen. Den Anfang macht sie mit ihrem Sonettenkranz *Abälard und Heloise.*

Ein Liebes- und Seelendrama, ein weltberühmtes obendrein, liegt ihm zu Grunde: Abaelard war ein scholastischer Philosoph und Theologe, der in Paris im Jahr 1113 eine berühmte Schule eröffnete. Aber mehr durch sein unglückliches Liebesschicksal als durch seine Schriften ist Abaelard in das allgemeine Bewußtsein der Gebildeten eingegangen. Abaelards Liebesbeziehung zu seiner Schülerin, der schönen Heloise, endete mit seiner Entmannung durch den grausamen Onkel der Geliebten. Abaelard wurde daraufhin Mönch, Heloise nahm den Schleier. In der *Geschichte meiner Leiden* erzählt er seine Liebesgeschichte. Im Mittelpunkt steht ein Briefwechsel der, durch das Schicksal getrennten, Liebenden.

Luise von Ploennies

So verkürzt überdauerte die Geschichte für die literarische Welt achthundert Jahre, ehe sie in Luises Hände geriet. Es mag sogar sein, daß der Titel ihr eher in Jean Jacques Rousseaus damals viel gelesenem Roman *Julie ou La Nouvelle Héloise* begegnet ist, vor dem titelgebenden mittelalterlichen Original. Aber nun in Jugenheim, in dem zutiefst religiös bestimmten Milieu ihrer Kinderfamilie, mag es ihre Betroffenheit ausgelöst haben. Denn es ist eine Lebensbeichte von schonungsloser Offenheit. Abaelards leidenschaftliche Liebe zu seiner jungen Schülerin, so schreibt er selbst an seinen Freund, steht außerhalb von jeder Moral und kennt kein Gewissen jenseits der erlebten symbiotischen Besessenheit. Kurz: „Keine Stufe der Liebe ließen wir Leidenschaftlichen aus, und wo die Liebe etwas Ungeheuerliches erfinden konnte, wurde es mitgenommen. Und je weniger wir bisher diese Freuden erfahren hatten, um so glühender verharrten wir in ihnen, und um so weniger wandelten sie sich in Überdruß."

Die jugendliche, eher kindliche Heloise wußte gewiß kaum, was ihr geschah, aber sie ging mit Leib und Seele in dieser Verbindung auf und hatte fürderhin nichts anderes im Sinn, als den Totalansprüchen ihres bewunderten Liebhabers zu entsprechen. Sie wurde schwanger, er versteckte sie unerkannt bei seiner Schwester, sie gebar ihm einen Sohn. Er drängte sie zu einer heimlichen Ehe, obwohl sie nicht danach verlangte. Er geriet unters Messer seiner Feinde und wurde entmannt, d.h. sein zentrales Problem erübrigte sich, aber seine unlösbare Verbundenheit mit der Geliebten zwang ihn, den Weg einer Vergeistigung seiner Gefühle zu erwählen und — was sich als schwierig herausstellte — ihr das zu vermitteln. Sie sträubte sich, ein entsagungsvolles Leben im Kloster anzunehmen, drückte unumwunden aus, daß ihr die hohe Gottesliebe nur ein unvollkommener, ja ungewünschter Ersatz für seine leibhaftige Gegenwart sei. Daraufhin gründet er ein Frauenkloster für sie, erhebt sie zur Priorin und definiert ihre Stellung als „Braut des Gekreuzigten". Sie widerstrebt seinen pädagogischen Bemühungen, kann es kaum ertragen, wenn er, der Herr, sie, die Magd um Fürbitte bei Gott anfleht. Nur langsam, aber dann doch, in einem dramatischen Erweckungserlebnis, nimmt sie an, wie das leibliche Verlangen nach dem Geliebten sich in eine geistige Seelengemeinschaft wandelt. Im letzten Brief, in dem die „besondere Dienerin" ihrem „unumschränkten Herrn" persönliche Worte schreibt, klingt das so: „Damit du mich nicht in irgendeinem Stück des Ungehorsams zeihen könntest, so habe ich nach deinem Befehl den Worten meines maßlosen Schmerzes Zügel angelegt und will mich wenigstens beim Schreiben vor Worten hüten, die ich bei der mündlichen Rede schwerlich, ja unmöglich würde zurückhalten können. Denn nichts haben wir so wenig in der Gewalt als unser Herz, und eher, als ihm gebieten zu können, werden wir gezwungen, ihm zu gehorchen. Darum, wenn uns seine Leidenschaften aufstacheln, mag niemand seine ungestümen Triebe so dämpfen, daß sie nicht leicht zu Taten hinaus drängen und noch leichter in Worte ausbrechen, welche stets offenkundigere Kennzeichen der Leidenschaften sind, wie geschrieben steht: ‚Wes das Herz voll ist, gehet der Mund über.' Darum will ich wenigstens beim Schreiben meiner Hand Halt gebieten, wenn ich schon meiner Zunge das Wort nicht verbieten könnte. Wäre doch mein trauerndes Herz so bereit zu gehorchen wie meine schreibende Rechte!"

Der Sonettenkranz *Abälard und Heloise*, den Luise v. Ploennies 1849 in der G. Jonghaus'schen Hofbuchhandlung in Darmstadt herausbrachte, ist ihr erster Titel nach dem Tod ihres Mannes, und ich denke, das hat etwas mit dem zu tun, was man heutzutage als „Trauerarbeit" bezeichnet. Nach allen vorsichtigen und zurückhaltenden Äußerungen, die privat übermittelt und auch von ihr – etwa in ihrem Brief an Luise v. Gall – bestätigt wurden, muß Dr. August v. Ploennies ein sehr eigenwilliger Mann gewesen sein. Ein schwieriger Charakter, in seinen Reaktionen nicht zu berechnen, leidenschaftlich, gefühlsbetont bis zur Überspanntheit, man erinnere sich nur an seine Selbstzeugnisse in der Auseinandersetzung mit Luises verhaßtem Großvater, und – auf der anderen Seite – ein hochbegabter Mensch, der sowohl an sich, als auch an seine Umgebung höchste moralische Ansprüche stellte. *„Für seine Patienten"*, so schrieb Luise, *„setzte er sich bis zur Selbstaufgabe ein"*, ihr, so ist aus ihrer Karriere als Dichterin zu folgern, ermöglichte er ein ungewöhnlich freies, d.h. selbständiges Eigenleben, was man keineswegs als die Regel im Eheverständnis jener Zeit annehmen kann.

August und Luise von Ploennies waren ein außergewöhnliches Paar. Gegen den allgemein anerkannten unerbittlichen Widerstand der familiären Autorität, erzwangen sie für ihre leidenschaftliche Liebesbeziehung den äußeren Rahmen. Erst durch Luises Flucht zu ihrer Stiefmutter nach Hanau kam die Ehe zustande. Ohne Protektion, offensichtlich auch mit geringen finanziellen Mitteln begannen sie ihr gemeinsames Leben und eroberten sich auf eigene Faust die gesellschaftliche Reputation zurück, ohne die ein standesgemäßes Leben damals nicht möglich war.

   So stelle ich es mir vor, es muß nicht so gewesen sein. Aber die Tatsache, daß Luise sich nach dem Tod ihres Mannes ausgerechnet den Briefwechsel von Abaelard und Heloise vornahm und in eine Folge von Sonetten umdichtete, läßt mich einen Zusammenhang ahnen. Sie folgt der Spur ganz direkt. Die im Original vorausgegangene Verführungsgeschichte, die Abaelard in seinem Brief an den Freund berichtet, nimmt sie nicht auf. Sie verfolgt einzig und allein die Entwicklung der Liebe, wie sie sich im Briefwechsel des getrennten Paares niederschlägt. Die Qual der Verwandlung vom Eros zur Agape ist es, die sie bewegt, die Verwandlung, die Heloise aus tiefstem Herzen nicht will und die ihr von dem inzwischen geläuterten Abaelard in seinen Briefen immer aufs neue angetragen und aufgetragen wird. Der Weg vom stürmisch Geliebten zum hochverehrten Lehrer ist weit. Heloise will nicht als Braut Christi mit ihren Nonnen entsagungsvoll auf den kalten Steinen des Kreuzgangs knien, sondern in Abaelards Armen vergehen. In der Interpretation von Luise v. Ploennies findet sie erst Ruhe für ihre Seele, als sie ihn, begraben unter den Altarstufen ihres Klosters, beweinen kann, d.h. das facettenreiche Original wird von ihr auf das Kernproblem verdichtet. In ihren, meisterhaft gestalteten, Sonetten greife ich ihre, sich stufenweise verändernden, Seelenzustände auf:

„Erster Brief: Heloise an Abälard

An den Geliebtesten, der sie durch diese
Sternlose Nacht geleiten soll als Vater,
An ihren Gatten, Bruder, Freund, Berater.
An Abälard die Seine, Heloise,

Der Wahn, daß deine Seele mich verließe,
Die du geweiht zur Dolorosa Mater,
Sollt' ewig fern mir bleiben, aber naht' er,
Ist mir's, als ob der Heiland mich verstieße.

Ich hab den Brief an deinen Freund gelesen,
Er hat das Innerste mir neu zerrissen,
Nun fehlt der Trost mir, dran ich mag genesen.

Ich bin allein in tiefen Finsternissen,
Du! der Sonne meinem Lenz gewesen,
Laß mich den Strahl in meiner Nacht nicht missen!

O schreibe mir, du , dessen Wort den Schwingen
Der bangen Seele leihet neue Kraft,
Wenn sie auf ihrem steilen Flug erschlafft,
Wenn alle Himmelsträume ihr zergingen.

O du! Den diese Arme einst umfingen
Im Zauberbanne glüh'nder Leidenschaft,
Verzeih, verzeih, wenn ich der süßen Haft
So sel'gen Traumes nicht mich kann entringen.

Du Einziger! Mit dem ich wonnetrunken
Durch alle Himmel flog im Glutverein,
Als Stern um Stern an meine Brust gesunken;

Du Göttlicher, in deiner Liebesfülle! —
Welch kalter Schauer rinnt durch mein Gebein,
Ich beuge stumm mein Haupt, das ich verhülle."

Aus Abälards Antwortbriefen, die dann nach und nach eintreffen, geht eines klar hervor: mit Heloises leidenschaftlichen Gefühlsausbrüchen kann er sich nicht mehr identifizieren. Seine Beiträge haben einen ausschließlich seelsorgerischen Impetus. Als „Gottesbraut, die die Welt vergißt", sieht er sie, „die nicht nach irdischen Zeichen harrt" und Genossenschaft nach irdischer Gegenwart erstrebt. Er geht so weit, sie als „Heilige zu schauen". Aber so rasch läßt sich Heloise nicht umstimmen. Im Mittelpunkt ihres langen zweiten Briefs steht ein trotziges Sonett:

„Gott weiß, ich hab nach Anderm nie getrachtet,
Als einzig nur nach dir, o du mein Leben!
Nicht wollt ich mich durch Glück und Rang erheben,
Nach deinem süßen Selbst hab ich geschmachtet.

Nicht was die Menge groß und herrlich achtet,
Ersehnt ich, meines Herzens heißes Streben
War einzig, ganz mich dir dahin zu geben,
Würd' ich darum von aller Welt verachtet.

Und hätt' Augustus mir die Kaiserkrone
Geboten, daß ich auf dem Herrscherstuhle
Der Welt als stolze Gattin mit dir throne,

So ruf ich Gott, den Ewigen zum Zeugen,
Daß es mir größer schien, als deine Buhle
Mein Haupt in Schmach und Niedrigkeit zu beugen."

Abälard antwortet eher trocken auf Heloises Liebeserguß. Er präsentiert sich als Lehrer und geistlicher Führer, der ihr irdisches Verlangen dialektisch in eine himmlische Gnade ummünzt:

> „Und glaube mir, die Welt ist öd' und wüst,
> Die du nach meinem Wunsche früh gemieden,
> Und jeder Seele wird das Heil beschieden,
> Die selbstvergessen für die Liebe büßt."

Erst mit dem letzten Sonett, mit dem Abälard seinen zweiten Brief beschließt, läßt Luise v. Ploennies ihn zu dem erlösenden Bild kommen, das Heloise annehmen kann:

> „Der höchste Schritt ist's zur Vollkommenheit,
> Wenn zwei in hoher Liebe überwinden,
> Wenn, die erst Fessel war, den Geist zu binden,
> Zur Schwinge wird, die rettend ihn befreit.
>
> Und das wird sein die höchste Seligkeit,
> Wenn wir dereinst in Gott uns wiederfinden,
> In Ihm, den ahnend wir empfinden,
> Vermählt zu sein in alle Ewigkeit.
>
> Die über Klippen einst gestürzt, die Welle,
> Sie ströme nun vom starken Drang gereinigt,
> Dem Meer entgegen silberklar und helle;
>
> Nicht ferner durch der Trennung Qual gepeinigt,
> Bedenke, daß uns bald der Liebe Quelle,
> Die Alles in sich eint, vereinigt."

Heloise, auf Abälards Geheiß Priorin in dem von ihm gegründeten Frauenkloster, „hier, wo die Wälder das Geheul, das wilde, des Raubtiers einst durchdrungen", erbittet in ihrem dritten Brief für sich und „ihre Töchter" Abälards geistlichen Beistand:

„Wie tief und heilig fühl' ich dich den Meinen!
Jetzt wird mein Geist, der nah am Unterliegen
Durch deine Kraft den heißen Schmerz besiegen,
Um nachzustreben deinem Flug, dem reinen."

Aber – noch ist sie unsicher und braucht seine Führung:

„Was ich nach deinem Wunsch begonnen habe,
Das will ich ganz und deiner wert vollenden,
Doch laß mich die getrübten Blicke wenden
Nur stets nach dir, nach meiner einz'gen Labe.

Mein glühend Herz kann noch nicht über'm Grabe
Daheim sein, wie die Frommen der Legenden;
Du mußt die Kraft mir zur Entsagung spenden,
Empor mich richten an der Liebe Stabe.

Du hießest aufwärts diese Mauern steigen,
Hast diesen Türmen ihre luft'gen Bahnen
Geboten, daß sie frei zum Himmel steigen;

Führ nun die Geister himmelan zur Klarheit,
Daß alle dich in ihrem Aufschwung ahnen,
Daß Form und Wesen sei harmonisch' Wahrheit."

Man ist geneigt, anzunehmen, mit den anrührenden Bekenntnissen
ihrer Umkehr, die Heloise Abälard in beschwörenden Worten
kundtut, hätte das Liebesdrama seine Erlösung gefunden, aber dies
ist nicht der Fall. Die größte Not steht noch bevor: Heloises ganz
kreatürliche, verzweifelte Angst, Abälard, der Meister, könne ihr
und den Ihren durch einen vorzeitigen Tod entrissen werden. Er
selbst spricht das heikle Thema mit bewegten Worten an:

„Drum dich, die ich geliebet, will ich bitten
Du wolltest mit den Schwestern, den Geweihten,

Die Schwingen des Gebetes schützend breiten,
Ob ihm, der steht in der Gefahren Mitten.

Und fall' ich, der so ruhelos gestritten,
Dann senkt mich ein zu des Altares Seiten,
An dessen Stufen ihr zu allen Zeiten
Frieden erfleht ihm der so viel gelitten."

In doppeltem Sinn ist das Thema heikel. Zum einen empfindet
Heloise es geradezu als unbillig, daß der „Meister" Fürbitte von der
„Magd" erfleht, zum anderen traut sie sich einfach nicht zu, ihr
heiliges Leben ohne seinen Zuspruch vollenden zu können:

„Wie aber kannst, mein Einziger, du wähnen,
Daß wir, getrennt von unserm einz'gen Stabe,
Noch wandeln könnten über deinem Grabe,
Die wir von dir nur unser Sein entlehnen?"

Luise v. Ploennies nimmt die immer schmerzhafteren Prüfungen,
die Heloise auf ihrem Heilsweg bestehen muß, gemäß dem Original
auf. Als Abälard tatsächlich stirbt und am Altar der frommen
Schwestern begraben wird, bricht der ganze Jammer der Geliebten
noch einmal ungehemmt aus:

„Viel kann das schwache Menschenherz ertragen,
Die Wogen schlagen über ihm zusammen,
Es lebt ein Salamander in den Flammen,
Berührt vom Tod muß es noch selber schlagen.

Mein Leben sah ich tot im Sarge tragen,
Sah, also tot, zum Leben mich verdammen;
Den Schlag, dem diese Schmerzen all' entstammen,
Ersehn ich nun als Ende meiner Klagen.

Bei ihm ist meine Seele, nicht da drunten
Im dunklen Sarge, denn sonst müßte ja
So nah dem Toten, dieses Herz gesunden.

Ich blieb ja Tag und Nacht dem Grabe nah,
Doch immer heißer brennen meine Wunden,
Mein Leben, meine Seele sind nicht da."

Nicht in der Erinnerung an den leibhaftig Entschwundenen findet
Heloise Erlösung und Verwandlung im geistlichen Sinn. Erst mit
dem Chorgesang der Schwestern bei der Requiemfeier löst sich ihre
unbewältigte Liebe zu dem Toten und wird zur reinen Gottesliebe
verklärt:

„Den meine Seele liebt, hat sie gefunden;
Als mit den Schwestern ich, wie er geboten,
Das Requiem sang dem geliebten Toten.
Hab ich die Nähe Abälards empfunden.

Es hatte sich mein Geist dem Schmerz entwunden,
Als himmelan die hellen Töne lohten;
Ich sah verklärt in ew'gen Morgenroten
Im Geiste ihn, der mir im Raum entschwunden.

Jetzt weiß ich, daß mein Heil dort droben wohnet,
Nicht mehr verzweifelnd blick' ich dort hinab,
Und ohne Buße werd ich jetzt belohnet.

Frei darf mein Geist zu dem Geliebten schweben,
Die letzte Träne wein ich auf sein Grab,
Denn unsrer Liebe quillt unsterblich Leben."

Der Sonettenkranz *Abälard und Heloise* ist ein kleines Meisterwerk.
Es verdeutlicht – wie keine andere ihrer Gedichtsammlungen –
Luise v. Ploennies' auffallende Begabung, einen vorgegebenen Text

vollinhaltlich aufzunehmen und ihn komprimiert in die von ihr erwählte Form zu gießen. Den historischen Zusammenhang läßt sie, im Falle von *Abälard und Heloise*, völlig außer acht und präpariert um so prägnanter die bis zum Zerreißen gespannte Seelenlage des ungewöhnlichen Liebespaares heraus.

Abälard und Heloise! Hätte ihr Liebesgeschick nicht exemplarischen Charakter, könnten wir es heute, nach achthundert Jahren, nicht mehr als ein Stück Wahrheit nacherleben. Für Luise v. Ploennies – so stelle ich es mir vor – lag die Faszination in der Heiligung der Beziehung. Sie verkommt nicht im Üblichen, zum Beispiel im Klischee von Schuld und Sühne, Strafe und Vergeltung. Sie holt ein Stück Himmel, wie immer wir uns das auch vorstellen, als erlebte Realität in das rationale Weltbild hinein: die Erlösung ohne Verdienst, wie es auch schon in dem Namen des Klosters „Paraklet" (das heißt „der Erlöser") angelegt ist und wie es durch unsere Dichterin mit der Gedichtzeile: „und ohne Buße werd ich jetzt belohnet", aufgenommen wird.

Wir wissen nicht, durch welche Umstände die mittelalterliche Handschrift in Luises Hände gekommen ist. Durch Zufall? So würde es doch unsere Verwunderung nicht mindern, mit welcher Einfühlung sie den weit ausholenden Prosatext sinnfällig in die strenge Form ihrer Sonette übertragen hat. Es würde einmal mehr beweisen, was ihr, ihre Übersetzungskunst betreffend, schon längst von ihren Zeitgenossen bestätigt worden ist, daß sie in der Adaption fremder Inhalte eine Meisterin war. Neu dagegen scheint mir im Abälard ihre Absicht, sich den Inhalt in einer eigenen Form persönlich anzueignen, „als sei's ein Stück von ihr". Ihre innere Gestimmtheit nach dem Tod ihres Mannes könnte ein Indiz für die Themenwahl sein.

Gewiß hat sie aber auch der Umgang mit ihrem frommen Schwiegersohn Wolf stimuliert. Als militanter Katholik mit solider humanistischer Bildung hatte er zweifellos gedanklichen Zugang zu den scholastischen Auseinandersetzungen um den „rechten Glauben". Der historische Abaelard, den wir bei Luise v. Ploennies nur als „Verführer" und „geläuterten Heilslehrer" kennengelernt haben, hatte bereits 1113 in Paris eine berühmte Schule eröffnet, die von seinen Gegnern erbittert bekämpft wurde, weil seine Lehre in den Widerspruch zu der offiziellen kirchlichen Exegese geriet. Mit einer an Sicherheit grenzenden Wahrscheinlichkeit wurde im Zusammenhang mit Luises Sonettenkranz im Haus Ploennies darüber diskutiert. Aber gewiß nicht nur darüber! Wir können uns das Leben der vereinigten Familien Ploennies-Wolf in Jugenheim gewiß als äußerst anregend vorstellen. Luise führte ein offenes Haus. Künstler und Gelehrte wanderten von Darmstadt herüber, wie es – der von mir bereits erwähnte – Heimatdichter Ernst Pasqué in seinem Erinnerungsbericht von 1891 beschrieb: „Man traf sich im sogenannten 'Saal', wie Luise – selbstironisch – das größte ihrer kleinen Zimmer im eingeschossigen Haus nannte. Bei einer solchen Gelegenheit im August des Jahres 1851 lernte ich die bedeutende und liebenswürdige Frau persönlich kennen. Mit zwei Freunden, dem Musikdirector und Komponisten Karl Amadeus Mangold und dem über Deutschlands Grenzen hinaus berühmten Contra-Bassisten August Müller, auch gewandter Versemacher, waren wir gen Jugenheim gewandert. Ersterer wollte Frau von Ploennies um einen Oratorientext bitten (den er später in deren Dichtung Sawitri finden sollte), und Müller, von seinen Freunden gewöhnlich Bass-Müller genannt, war ein alter Freund der Familie. Es wurde musicirt und ich sang das Lied des Minnesängers Harold, eine der schönsten Liedkompositionen Mangolds, aus dessen Oper 'Gudrun' (Text vom Sohn der Dichterin, Wilhelm von Ploennies), deren erste Aufführung wenige Monate vorher (am 23. März 1851) auf dem Großherzoglichen Hoftheater zu Darmstadt stattgefunden, wobei ich die Rolle des genannten Minnesängers dargestellt und gesungen hatte. ... Als wir Frau von Ploennies verließen, bat ich sie um einige Zeilen von ihrer Hand zum Andenken an die schönen und anregenden, in ihrem Dichterheim verlebten Stunden. Mit einer herzgewinnenden Freundlichkeit willigte sie ein, und improvisirend schrieb sie mir sofort folgende, für mich bedeutsame Verse nieder, die ich heute noch, nach 40 Jahren, getreulich in meinem Album aufbewahre:

> Ins Vergangene nicht versenk dich,
> Nicht in das, was deiner harrt,

Aber Gott im Herzen schenk dich
Schöpferisch der Gegenwart.

Sieh erhabene Männer schreiten,
Die dem Leben Ruhm verleih'n,
Drück wie sie dem Sand der Zeiten
Deines Fußes Spuren ein.

Luise von Ploennies, geb. Leisler"

Jugenheim! Luise von Ploennies' Idylle! Aber es ist wichtig, daß wir sie uns im Rahmen ihrer begabten Familie vorstellen. Am Piano im „Saal" saß vermutlich ihre Tochter Luise, deren musikalisches Talent sie an anderer Stelle schon hervorgehoben hatte. Sohn Wilhelm, der Offizier, verband sich mit seinem „ketzerfressenden" Schwager Wolf glücklich im vereinten Interesse an deutscher Volkskunst und germanischem Heldentum. Sie wanderten nicht nur gemeinsam wie die Brüder Grimm durch die Odenwalddörfer, um in Bauernhöfen, Spinnstuben und Gastwirtschaften alte Volksmärchen und Sagen zu erlauschen, sondern sie waren auch die ersten, die sie herausgaben. Allgemein bekannt geworden sind sie durch den Sagenkreis mit dem wilden Heer um Rodenstein und Schnellerts. Auch das Kudrun-Thema, das Wilhelm von Ploennies bearbeitete, paßte in den Stil der Zeit und bot sich für den Freund der Familie, den Großherzoglichen Musikdirektor Karl Amand Mangold als Vorwurf für eine Oper an. Es war ja nicht zum ersten Mal, daß der Komponist sich eine Textfassung bei einem Mitglied der Ploennies-Familie abholte. Bereits 1836, als junge Frau, kamen Luises Verse im Hoftheater zur Geltung. Mit Künzel und Duller schrieb sie die Texte zu den lebenden Bildern, die anläßlich von Mozarts Geburtstag über die Bühne gingen. Und wie schon Pasqué es hatte kommen sehen, blieb es nicht dabei. Auch *Sawitri* war bereits als Verserzählung von ihr bekannt, ehe Mangold sie in einem Oratorium vertonte.

Zweifellos hatte Luise in den Jugenheimer Jahren eine schöpferische Zeit. In einem weiteren Sonettenkranz, der 1850 direkt auf den *Abälard* folgte – Titel: *Oskar und Gianetta* – ist die Übernahme eines vorgegebenen Themas nicht zu erkennen. Vielmehr geht es hier um die Durchdringung der mitteleuropäischen Kultur mit der klassischen Antike, die durch das Liebespaar verkörpert wird.

Also: auch *Oskar und Gianetta* wieder eine Liebesgeschichte! Und auch diese wieder in den blühenden Bildern und Metaphern der Spätromantik. Ich habe den Eindruck, Luise sei – im Nachgang zu *Abälard* – dem Bedürfnis nachgegangen, ein Liebespaar auf den Weg zu bringen, dem die selige Erfüllung seiner erhabenen Gefühle nicht erst im Himmel, sondern schon zu Lebzeiten zuteil wird. Oskar, der schwermütige Nordländer, bzw. Mitteleuropäer, „gefesselt von des Grames ehernem Bande", begrüßt die „lang ersehnten Lande" und die „weichen Lüfte des schönen Leman" und ist entzückt „von den hellen Tönen der Silberglocken", die von der Kapelle am Felsenhang herüberriefen. „Dann scholl heran der Orgel tiefer Klang..."

Gianetta, die bezaubernde Schönheit, der Oskar sofort verfällt, verbindet mit dem großartigen Szenarium des Genfer Sees ganz andere Bilder. Sie fühlt sich an „des Olympos Throne" oder an „Cytherens Tempel" erinnert. „So golddurchstrahlt, wie einst Homeros Weisen, singt ihr Hellas Meer..."

Aber: so verschieden die rückwärts gerichteten Assoziationen der beiden Liebenden auch sind, mit ihrer wachsenden Leidenschaft und Hingabe füreinander, die Luise v. Ploennies in den glühenden Farben des Landschaftspanoramas einfängt, wandelt sich Gianettas Selbstverständnis. In Oskars Armen wird sie fromm. „Da stürzen jener Götter kalte Mächte, vom reinen Geist des Christentums bezwungen oder: Verschwunden ist die Bundeslade, vor'm lebenspendenden, dem Himmelsbrot der fleischgewordenen, der ew'gen Gnade..."

Unversehens flicht die Dichterin ein Ereignis in die lichte Szene ein, das im fernen Deutschland zu dem Symbol der deutschen Einheit für vielerlei Gruppierungen wurde, einerlei aus wel-

98

Luise von Ploennies und ihre Familie

cher Ecke sie kamen, der religiösen, der kunsthistorischen, der poetischen, der musikalischen oder der politischen: Die Vollendung des Kölner Doms nach den Anfang des 19. Jahrhunderts auf dem Dachboden des Hotels „Traube" in Darmstadt wieder aufgefundenen, ursprünglichen mittelalterlichen Plänen. Die Bauzeit erstreckte sich über 38 Jahre von 1842 bis 1880, d.h. die Entstehung von *Oskar und Gianetta* fällt genau in die Hoch-Zeit des gigantischen Vorhabens. Im Hause Ploennies hatte es noch besondere Akzente: für die begeistert deutsch-patriotische Luise war der Dom das steingewordene Sinnbild des ersehnten gesamtdeutschen Reiches, für ihren katholischen Schwiegersohn Wolf, den gebürtigen Kölner, war er Inbegriff für die Rückbesinnung auf eine allgemeine christkatholische Kirche. Aber ich nehme an, daß in diesen ersten Jahren der Zusammenarbeit die beiden Impulse noch nahe beieinander lagen, ja mehr noch, daß Luise von der katholischen Religiosität stark angerührt war. Dafür spricht – neben vielem anderen – auch ein Sonett aus *Oskar und Gianetta*, mit dem Oskar die Geliebte aus der Naturmystik ihrer nahen Umgebung gedanklich in die heiligen Hallen einer Kirche versetzt:

„Sieh, mit dem Kelch tritt in des Chores Hallen
Der Priester ein im weißen Festgewand,
Der Altar flammt in hellem Kerzenbrand,
Die Orgel rauscht, die heil'gen Lieder schallen.

Wie Lilien, wenn Frühlingslüfte wallen,
Die Kronen neigen zu des Sees Rand,
So neigt sich jedes Haupt, und jede Hand
Schlägt fromm die Brust, und Andacht wohnt in Allen

Und kannst du, wenn zum Herrn wie Lerchen schmettern,
Das Gloria in excelsis jubelnd klingt,
Zum Herrn, der nicht mehr naht in Sturm und Wettern,

Wenn dreimal Sanctus wogt zum Gottessohne,
Wenn sehnsuchtsvoll zu ihm jed' Herz sich schwingt,
Ihm trotzen in des Stolzes Flitterkrone?"

Wie nicht anders zu erwarten, ist Gianetta tief berührt von der Emphase ihres Geliebten und liegt „gläubig wie ein Kind im Staube", seit ihr durch ihn des Sanctus Worte klangen. Wörtlich heißt es:

„Nicht Lorbeer mehr ersehn ich für mein Haar,
Still an den Busen steck ich eine Rose
Seit ich mich hingab süßem Frauenloose...
Zur heil'gen Jungfrau zieht's mich wunderbar."

Karl Amand Mangold, Hofmusikdirektor   *Wilhelm von Ploennies, der Sohn*

Ernst Pasqué, Heimatdichter   *Max Rieger, Germanist*

Der Sonettenkranz *Oskar und Gianetta* mag durchaus für die ungewöhnliche Metamorphose stehen, die Luise v. Ploennies von einer spätromantischen Lyrikerin in eine christliche Verkünderin verwandelt hat, eine Rolle, der sie zeitlebens treu blieb. Davon zeugt auch ein weiterer Sonettenkranz, den Luise zwölf Jahre später herausbrachte: *Sawitri* (München 1862). Zwar geht es hier nicht um ein christliches Sujet, sondern um das hohe Lied der Treue, nach einer indischen Sage, aber die „Personenregie" orientiert sich auch an den typisch Ploennies'schen Leitbildern, die offensichtlich zeitgemäß waren, denn die Sonette wurden – wie Pasqué in seinen Erinnerungen erwähnte – von Mangold in einem Oratorium vertont und gelangten im Hoftheater zur Aufführung. Dem bürgerlichen Geschmack der zweiten Jahrhunderthälfte entsprach offenbar die ständige Überhöhung der Gefühle. Triviales wurde ausgeklammert.

Heutzutage wirkt dieses ewig zu Erstrebende, tapfer Durchzuhaltende, kurzum der permanente Edelmut, besonders der Frauen, weniger erbaulich als ermüdend. Auch in der indischen Verkleidung kommt das Schön-Weiblich-Hehre, das die Realität adelt, voll zur Geltung und an einer peinlichen Sentimentalität nicht vorbei. In dem indischen Märchen wird eine Braut verherrlicht, die trotz schlimmer Voraussage der Götter in Treue an ihrem, dem Tod geweihten Bräutigam festhält:

> „Sprach die Jungfrau fest und groß
> Einmal fällt des Menschen Los
> Einmal wird ein Herz verschenkt
> Einmal wird ein Weib vermählt
> Satjawat hab ich erwählt,
> Ob zum Glück mir, ob zum Leid –
> Von den Göttern wird's gelenkt,
> Und mein Herze ist bereit
> So für Wonne, wie für Wunden..."

Zeitgeschichtlich liegen die beiden Publikationen nur zwölf Jahre auseinander, aber man sieht ihnen an, daß sie der politischen

Restauration auf dem Fuß folgten. Der demokratische Spuk der Revolutionsversuche von 1848/49 war überstanden, die alte Ordnung wieder hergestellt. Das staatstragende Bürgertum, das sich als liberal verstand, hatte sich mit seinen Fürsten ausgesöhnt und nahm – auch materiell – keinen Schaden, als die bürgerlichen Grundrechte wieder aufgehoben wurden. Luise v. Ploennies gehörte durch Geburt und gesellschaftlichen Rang zu diesem Personenkreis. Für sie glich die Rückkehr zur konservativen Wertordnung eher einem Gottesurteil. Gott, König und Vaterland, das waren zeitlebens ihre ideellen Bezugspunkte. In diesem Sinn sind auch einige Zueignungen zu verstehen, die sie ihren poetischen Sammlungen voranstellte: *Oskar und Gianetta* hat sie Ihrer Königlichen Hoheit der Großherzogin Mathilde, Gattin des Großherzogs Ludwig III. von Hessen und bei Rhein, gewidmet, ihre *Neuen Gedichte* ihrem Freund und Gönner, König Ludwig I. von Bayern. In beiden Fällen unterstreicht sie ihre tiefste Ehrfurcht mit Huldigungsgedichten. Hier je ein Ausschnitt:

Für Großherzogin Mathilde:

> „Der Winter war entfloh'n, des Lenzes Weben
> Begrüßet lebenweckend die Gefilde,
> Da sah ich Dich, o fürstliche Mathilde,
> Im Blumensaal, von Blüthen rings umgeben..."

Für König Ludwig I.:

> „Drei schicksalsschwere Jahre sind vergangen
> Seit ich im schönen Tal von Brückenau
> Dich, edlen König, fand auf grüner Au
> Von lichter Freude Rosenhag umfangen.
> Die Bäume rauschten und die Vögel sangen,
> Die grünen Halme tropften Silberthau,
> Der gold'ne Strahl durchquoll den Himmel blau,
> Und Deiner Linden duft'ge Knospen sprangen.
>
> Ein Paradies erschien mir's, welchem fehle

Nicht Duft und Wohllaut, Schatten oder Glanz,
Du aber warst von allen, Herr, die Seele..."

Ungeachtet ihrer devoten Gesten den Königlichen Hoheiten gegenüber, verkehrte sie privat, so weit sich das aus der Überlieferung nachvollziehen läßt, vorwiegend mit Personen bürgerlicher Herkunft. In der zweiten Jahrhunderthälfte hoben sich die gesellschaftlichen Gegensätze von Amtsadel und bürgerlichem Beamtenstand in der Residenz Darmstadt mehr und mehr auf. Von dieser Seite hatten die Großherzöge keine Kritik zu befürchten.

Schwierig dagegen muß für Luise v. Ploennies die stürmische Begegnung mit dem konservativen Katholizismus ihres Schwiegersohnes Wolf gewesen sein, auch wenn er sie zunächst anzog. Der Marienkult und die Heiligenverehrung kamen ihrer romantischen Erlebniswelt entgegen, und in dieser Seelenverfassung gelang ihr auch ihre reifste literarische Arbeit. Unterstützt von dem Germanisten Wolf, ausgerüstet mit ihrer profunden Kenntnis der flämischen Sprache, bestätigt durch die historischen Unterlagen, die ihr als einem Mitglied der Königlichen Akademie von Brüssel zugänglich waren, entwarf sie ihr umfangreichstes Werk: *Mariken von Nymwegen*, eine dramatische Erzählung in Versen. Sie bezieht sich auf ein Volksbuch, das teils in Reim und teils in Prosa die Geschicke eines tugendhaften Landkinds verfolgt, das dem Teufel begegnet und seinen Verlockungen verfällt. Im Rahmen ihrer Studien entdeckte Luise die Sage in einer frühen Niederschrift von 1615 in der Genter Universitätsbibliothek. Sie soll aber schon – wie die Dichterin in ihrem Nachwort beschreibt – bereits im historischen Umfeld von 1465 entstanden sein.

Luise v. Ploennies' *Mariken von Nymwegen* ist auf mehrfache Weise interessant. Die Dichtung beruht auf einer historischen Vorlage, die inhaltlich in verschiedenen Richtungen auszubauen ist. Zunächst ist sie politisch und zielt auf die böse Muhme des unschuldigen Marikens, die sich der Partei eines „schlimmen Herzogs" angeschlossen hat. Als Mariken sie um ein Nachtlager bittet und von ihr von der Tür gewiesen wird, war sie gerade dabei, sich „mit vier oder fünf Weibern so eifrig über Politik zu unterhalten, daß sie einer wütenden Teufelin ähnlicher sah als einem Christenmenschen". Darauf beschließt Mariken notgedrungen, die Nacht im freien Feld zu verbringen. Sie ist halb tot vor Angst. In ihrer Verzweiflung stößt sie einen furchtbaren Fluch aus, der alsbald als Leitmotiv der Handlung weiterwirkt: „Com nu tot my, en helpt my beclaghen, Godt oft de Duyvel: het is my alleleens."! Gott oder der Teufel! Da erscheint ihr der Teufel und nennt sie „schönes Kind" und verheißt ihr, sie zu einer „Frau der Frauen" zu machen. Der Versucher ist da. Mariken kann nicht widerstehen.

Es ist nicht verwunderlich, daß Luise v. Ploennies in dieser sinnfälligen Begegnung das „Faust-Motiv" entdeckte und sich davon inspirieren ließ. Mariken von Nymwegen – ein weiblicher Faust? Zweifellos ging sie ihre Dichtung mit diesem Ansatz an. Das niederdeutsche Volksbuch gab ihr dazu weitere Stichworte. Nicht allein Schönheit und weiblichen Ruhm bot der Teufel Mariken an, sondern auch meisterliche Unterweisung in den sieben freien Künsten, als da sind: Musik, Rhetorik, Logik, Grammatik, Geometrie, Arithmetrie und Alchemie. Diese Versprechung lockt das wißbegierige Landkind noch mehr als die Aussicht auf körperliche Vollkommenheit. Ohne nachhaltigen Widerspruch läßt sich Mariken auf den Pakt mit dem Teufel ein und erklärt sich bereit, ihm sieben Jahre zu dienen. Das ist zweifellos faustisch! Gleichzeitig aber schränkt die Dichterin ihr anspruchsvolles Vorhaben, einem „Faust", dazu noch einem „goethischen" ein weibliches Spiegelbild gegenüberzustellen, bereits im ersten Absatz ihres Vorworts ganz devot wieder ein: „Allzu groß wäre das Wagnis, einem Faust, wie er aus dem innersten Leben der Nation geboren und mit der Herrlichkeit ihres größten Dichters bekleidet ist, eine selbstgeschaffene weibliche Gestalt zur Seite stellen zu wollen. Am wenigsten Nachsicht hätte eine Frau zu beanspruchen, die nach solchem Preise ringen wollte. Nun aber tritt aus dem Reich der Sage eine ebenbürtige Schwester des großen Kämpfers an uns heran..."

So abgesichert wagt es Luise v. Ploennies eben doch, und es gelingen ihr dabei auch außerordentlich stimmige Szenen. Der Teufel, der sich höflich und chevaleresk als „Graf Mone mit dem einen Auge" vorstellt, zwingt Mariken mit liebenswürdiger Bestimmtheit, ihren Namen abzulegen und sich künftig Emeken zu nennen, weil ihm alle christlichen Hinweise und heiligen Zeichen, wie auch die Erwähnung der Heiligen Jungfrau, zuwider sind. Mit Erfolg packt er sein jugendliches Opfer an seinem Ehrgeiz:

> „Der Durst nach hoher Wissenschaft,
> Ist eurer Seele Leidenschaft.
> So wißt, daß auf der weiten Welt
> Ich als der Klügste bin bestellt,
> Und daß ich, wie im leichten Spiel
> Euch führen kann zum höchsten Ziel.
> Ich will des Wissens schwere Last,
> Die Andere mühsam nur erringen,
> Als einen reichen Blütenast
> Um eure schöne Stirne schlingen,
> Auf eures Mundes Rosensitz
> Soll spielen der lebend'ge Witz,
> Und heller als Demantenblitz,
> Mit dem ich eure Stirne schmücke,
> Damit er alle Welt entzücke.
> So hoch ob der gewohnten Schranke,
> Sollt ihr als Klügste aller Schönen,
> Als Schönste aller Klügsten thronen,
> Und Huldigung durch Liebe lohnen."

Solcherart Verführung ist gewiß „faustisch", und es gelingt Luise v. Ploennies Emekens sich dauernd vertiefende Abhängigkeit von dem nicht einmal unsympathischen Mone (der Name geht auf „Dämon" zurück) in bilderreichen Szenen vorzuführen. Sie bedient sich dabei sehr geschickt zweier Kunstmittel: zum einen sorgt sie dafür, daß die Teufelsbraut ihr schlechtes Gewissen auch bei ihren höchsten Triumphen nie ganz verliert, weil sie ihr im entscheidenden Augenblick immer einen edlen Retter vorführt, von dem sie sich nur zu gern retten ließe. Aber Mone holt sie jedesmal mit einem Zaubertrick zurück und zögert nicht, sie mit ihren aufkeimenden Gewissensnöten in immer schlimmere, unauflösbare Verwicklungen zu bringen. Aber gerade darauf legt es Luise v. Ploennies ab. Sie gibt dabei ganz offen zu, daß sie sich mit diesem Kunstgriff einer weiteren, damals hochaktuellen Vorlage bedient: dem Tannhäuser-Motiv im Venusberg. Aufs ganze gesehen, liegt diese Wendung vom angedachten „weiblichen Faust" zum „weiblichen Tannhäuser", den keine kirchliche Institution, und sei's der Papst in Rom, entsühnen kann, ihrem persönlichen Denkmuster näher. Er entspricht ihrem Selbstverständnis als Frau und ihrer daraus resultierenden demütigen Religiosität.

Dabei läßt sich kaum verhehlen, daß die Dichterin an der mangelnden Tugend ihrer Protagonistin mehr Spaß hatte als an ihren unsäglichen Bußgängen. Die Unternehmen von Mone und Emeken gelingen ihr zum Teil mit ironischem Sprachwitz und mutwilligen Reimen. Ein übriges tut ihre bilderreiche Sprache, die Umsetzung von malerischen Details. Daß andererseits auf den zu 280 Seiten ausufernden Szenen auch sehr viele Platitüden und modische Imitationen von längst verblichenen Vorbildern vorkommen, soll nicht verschwiegen werden; originell bleibt das Konzept, nach welchem sich Luise v. Ploennies ihrer bedient. Sie verfolgt ihre Handlung in sechzehn Gesängen, die jeweils die Stationen von Marikens Auf- und Niedergang vorantreiben. Zumal die Stationen mit Mone werden nach einem einheitlichen Handlungsmuster beschrieben: die Orte, der historische Hintergrund, Emekens wundersame Erfolge, ihre sich von Mal zu Mal steigernde Gewissensqual in der Spiegelung eines edlen Helden, Mones teuflische Angst, die Geliebte zu verlieren, seine immer genialeren Tricks, um die Situation in seinem Sinn zu retten. Das gelingt relativ harmlos... In seinen schwarzen Mantel gehüllt, trägt er Emeken durch die Lüfte nach Brügge, wo gerade ein berühmter Sängerstreit stattfindet. Er verheißt ihr die Palme des Sieges vor allen anderen Teilnehmern.

Und, wie verheißen, ist sie in ihrem zauberischen Glanz nicht zu überbieten. Nur steht sie immer noch – oder auch immer weiter – ihrem alter ego Mariken, sich selbst, im Wege. Ihr größter Konkurrent unter den Minnesängern, „ein stattlicher Mann mit hoher Stirn und sonnenklaren Augen" – wie es wörtlich heißt –, läßt sie in Erinnerung an ihren erträumten Bräutigam erzittern. Um ein Haar bringt sie sich selbst um den Preis. Aber Mone greift ein:

> „Er flüstert leis das Wort ihr zu:
> Was steht ihr da in träger Ruh?
> Durch solchen aberwitz'gen Toren
> Geht euch der erste Preis verloren.
> G'schwind, s'ist Zeit, nehmt euch zusammen,
> Laßt spielen eures Auges Flammen;
> Versagen euch des Liedes Töne,
> Verblendet sie durch eure Schöne.
> Unsichtbar faßt er ihre Hand,
> Stellt seinen Fuß auf ihr Gewand:
> Da ist des Sängers Bild verwischt..."

So kunstlos die Reime der Luise v. Ploennies sich aneinander fügen, so sicher treiben sie die Handlung voran. Wie es ihre Rolle verlangt, wird Emeken immer anspruchsvoller und der Teufel immer teuflischer. Das fängt ganz einfach an wie in einem Märchen: Emeken ist eifersüchtig auf den unvergleichlich kostbaren Schmuck der reichen Brüggerinnen, Mone besticht sie im Gegenzug mit der Beschreibung eines Festkleides, mit dem sie die „eitle Weiberschar" übertrumpfen wird, und setzt noch eins drauf, wenn er fortfährt: „Drum sag ich euch von vorn herein, laßt euer Herz nur Page sein bei dem Verstand, dem Götterstrahl ... – das Herz hat Götzen ohne Zahl – . Doch der Verstand erkennt nur sich, drum euer Gott sei nur das ICH!" Damit verführt er die ehrgeizige Geliebte immer weiter. Ihre Vorbehalte verschwinden:

„Mariken schweigt. Die leise Reu,
Die in der Brust empor ihr stieg,
Geht unter mit der zarten Scheu.
Die Weltlust feiert ihren Sieg.
So wirft sie sich an Mones Brust
Und ruft berauscht von eitler Lust:
Dein bin ich, Kluger, führe mich,
Daß ausgeprägt mein stolzes Ich
Zu seiner vollen Größe werde.
Mach mich zum ersten Weib der Erde!"

In Bausch und Bogen gesagt, folgt Luise v. Ploennies dem Handlungsverlauf des niederdeutschen Volksbuchs. Aber mit welcher Fülle von eigenen Einfällen setzt sie es ins Bild! Für Marikens – bzw. Emekens – Zauberkünste läßt sie Orte und Begebenheiten in sprudelnder Wortfülle vor dem Leser erstehen: das Volksfest in Emekens Stadt Nymwegen, den sog. Omeganks-Tag mit seinem bunten Treiben, eine volkstümliche Gastwirtschaft in Antwerpen, das Kriegslager des verhaßten Grafen von Male vor Gent, den Aufruhr in der belagerten Stadt und ihre Befreiung durch den Volkshelden Artevelde, Amsterdam und die Begegnung mit dem Maler Lucas van Leyden. Historische Personen, Sagengestalten und selbsterfundene Chargen läßt die Dichterin gleichgewichtig aufmarschieren, wenn sie nur als Gegenspieler oder Erfüllungsgehilfen für Emekens Schandtaten in Frage kommen. Dabei behält sie ihre Strategie fest im Griff: gegen die wachsende Abhängigkeit ihrer Heldin von Mone, und ihrer damit einhergehenden Skrupellosigkeit, setzt sie das sich stets vertiefende schlechte Gewissen des schuldbeladenen jungen Marikens in Szene.

Eine besonders amüsante, witzig gereimte Episode ist das prunkvolle Zauberfest in Brügge, mit dem Mone sich seiner schönen Geliebten aufs beste empfiehlt, und auf dem er die reichen Brügger ebenso tüchtig narrt. Er lädt die ganze Honoratiorenschar mir ihren herausgeputzten, schmuckbehangenen Gattinnen zu einem Festmahl auf sein Schloß ein. Und alle, alle kommen. Emeken,

hier Gräfin Mone, überstrahlt die Bürgerfrauen natürlich unüber-
sehbar in ihrem teuflischen Glanz, während Mone als gewandter
Gastgeber die Damen umflirtet, allen voran die schöne Bürgermei-
sterin, die er zu Tische führt. Er macht ihr die schönsten Kompli-
mente und verwickelt sie in doppeldeutige Anspielungen, die sie
nicht versteht. Er neckt sie charmant ob ihrer scheuen Zurückhal-
tung und rät ihr die Augen aufzuschlagen wie der Pfau, der in der
Pracht seines Federkleids als Festbraten auf einer goldenen Schüs-
sel aufgetragen wird. Aus dieser Anspielung ergibt sich eine geist-
reiche Konversation, die nicht ohne Folgen bleibt:

> „Herr Mone müht sich um die Frauen,
> Das Eis der Sprödigkeit zu tauen.
> Er spricht und deutet auf den Pfauen,
> Den man im Federschmucke jetzt
> Vor der schönen Bürgermeisterin
> Auf eine goldene Platte setzt.
> ‚Viel schöne Fraue seht doch hin
> Auf diesen Pfau und wollt es wagen
> Wie er die Augen aufzuschlagen.‘
> Da spricht die schöne Frau gereizt:
> ‚Die Hoffahrt haß ich, die sich spreizt.‘
> Und Mone spricht: ‚Viel schöne Frau,
> Ein Ärgernis ist euch der Pfau,
> Und tragt doch selbst so reichen Schmuck,
> Daß Ihr Euch beuget seinem Druck
> Als wie die Rose, schwer von Tau.‘
> ‚Nur gut‘, erwiderte die Frau,
> ‚Daß nicht zerschmilzt Demanten-Tau.‘
> ‚Mich wundert’s‘, spricht Herr Mone fein,
> ‚Denn wär ich selber solch ein Stein,
> Ich schmölz in Eures Auges Schein.‘“

> Die schöne Frau versteht nicht recht.
> Stolz spricht der Mann: ‚Der Schmuck ist echt.‘

Doch Mone spottet: ‚Echt und fest,
Ein Tor, der sich darauf verläßt.‘
Da plötzlich tropft auf ihre Hand
Herab ein großer Diamant,
Und jetzt, der herrliche Saphir
Fließt in den Schoß vom Busen ihr.

Vom Gürtel löst sich der Smaragd
Und tropft herab in schwerer Pracht.
Von ihres Mantels goldnen Kanten
Rieseln hernieder die Demanten.
Sie fährt empor mit lautem Schrei,
Auf springt die ganze Matschapy
Erloschen scheint des Auges Strahl,
Denn alle Stein in ihrem Haar,
Die lösen sich in Tropfen klar.
Die Frauen alle sind entsetzt
Und greifen nach dem Schmucke jetzt.
Weh, Ihr schön geschmückten Frauen!
Ach, alle Edelsteine tauen!
Als bunte Tropfen niederfließen
Smaragd, Topase und Türkisen.
Es geht ein Rieseln durch den Saal,
Denn Steine tropfen ohne Zahl.

Da schrei'n die Männer wütend drein:
Verfluchter Zaub'rer, höllisch Fest,
Gleich mach die Steine wieder fest!‘
Sie stürmen auf Herrn Mone ein,
Der aber ruft: ‚Die Welt ist Schein!‘
Und reckt die Hand, mit einem Mal
Erlischt der helle Kerzenstrahl.
Die Männer toben fort die Nacht,
Bis daß der lichte Tag erwacht.
Da seh'n sie, daß Herr Mone fort,

Der mit der fremden Frau verschwand.
Und auch verwandelt ist der Ort.
Nur kahle Trümmer sind's im Sand,
Da geh'n sie fort mit einem Fluch
Und schreiben in ihr Rechnungsbuch:
Geschmolz'ner Schmuck – ein Defizit.
Nehmt nie zum Fest die Weiber mit."

Aber so reimtüchtig sich die blühenden Reimbilder der Luise v. Ploennies auch aneinanderfügen, so sind doch nur die aus dem Volksbuch übernommenen Archetypen sinntragend: der einäugige Teufel und die böse Muhme, sein weibliches Gegenstück, Herr Gysprecht, der gottesmächtige Priester mit dem Kreuz und die reuige Sünderin. Nachdem weder der fromme Ohm noch der Bischof von Köln es wagen, Mariken loszusprechen, kann nur noch der Papst in Rom ihr die Absolution erteilen. Mit bloßen Füßen, Kutte und Bettelstab machen sich die Pilger auf den unsäglichen Bußweg. Den Ausgang der Geschichte, den päpstlichen Zurückverweis allein auf die Gnade Gottes, habe ich im voraus erzählt. In Eisenringe geschmiedet, ohne die Fürsprache des Ohms, der auf dem Heimweg stirbt, kehrt Mariken nach Holland zurück und tut in einem heimatlichen Kloster lebenslange Buße. Aber erst in ihrer Todesstunde löst Gott ihre Fesseln und nimmt sie in die Heerscharen der Entsühnten auf.

So weit Mariken von Nymwegen. Mit dieser Versdichtung scheint sich die Dichterin fürs erste erschöpft zu haben. Das zugleich kleine und raumgreifende Werk erschien in: Berlin: Königliche Hofbuchhandlung 1853. Danach hat man jahrelang von Luise v. Ploennies nichts gehört. Die Veröffentlichung fiel in die Zeit, als sie mit ihren Kindern in Jugenheim lebte, aber schon ein Jahr später verkaufte sie ihr Haus und kehrte nach Darmstadt zurück. Aber wo wohnte sie da? Seltsamerweise verliert sich in Darmstadt ihre Spur. Nach den Eintragungen im Darmstädter Einwohnerverzeichnis war sie nie länger, und meistens kürzer, als vier Jahre unter der gleichen Adresse gemeldet. D.h. im Überblick ihrer gesamten Lebens-zeit, seit ihrem Auftauchen im Hause ihres Großvaters v. Wedekind im Jahr 1817 bis zu ihrem Tod 1872, muß sie, nach den amtlichen Unterlagen zu urteilen, dreizehnmal in Darmstadt umgezogen sein. Fragt sich nur: warum?

Ich gehe davon aus, daß sie seit dem Tod ihres Mannes in den fraglichen fünfziger Jahren viele familiäre und – pekuniäre – Sorgen hatte. Der Fortgang ihres Lebens beweist es. Ohnedies war in dem ersten Jahrzehnt nach dem vergeblichen politischen Auf-bruch von 1848/49 die wirtschaftliche Situation in den restaurier-ten Kleinstaaten äußerst uneinheitlich. Das rasante Fortschreiten der Industrialisierung hatte nicht nur viele Neugründungen zur Fol-ge, sondern ebenso viele Pleiten. Die Landflucht der besitzlosen Bevölkerung in die Städte veränderte die bis dahin stabile Sozial-struktur, und den neuen maschinengesteuerten Produktionsweisen fehlte es noch an know how. Obwohl das Großherzogtum Hessen-Darmstadt unterdessen Mitglied des Preußischen Zollvereins ge-worden war, stagnierte die Auftragslage. Viele Bürger wagten dar-um mit mehr Mut als Kapital in eigener Regie den Sprung nach vorne: die einen versuchten ihr Glück in Amerika, die anderen machten sich daran, ihre Lage durch eine Firmengründung zu ver-bessern. Kapital war auf jeden Fall knapp. Das läßt sich auch bei Luise v. Ploennies beobachten. Nach dem Tod ihres Mannes 1847 hatte sie sofort ihr großes Haus in der Waldstraße (das entspricht heute etwa dem Grundstück Adelungstraße 16/Ecke Grafenstraße) verkauft. Aus ihrer Begründung in der Nachlaßakte erfährt man: von ihren sieben Kindern waren noch sechs minderjährig und zu ihrem Unterhalt und ihrer Ausbildung war sie auf die Zinsen aus einem gut angelegten Kapital angewiesen. Die Vormünder der Kinder bestätigten das durch ihre Unterschrift. Von einem Teil des Erlöses wurde das kleine Jugenheimer Haus als Wohnsitz für die Familie erworben. Das alles sah zunächst ganz vielversprechend aus, zumal sich Luise damit den Wunsch erfüllte, ihre Tochter Ma-rie und ihre kleine Familie zu sich zu holen. Aber sie ahnte nicht, was sie sich damit einhandelte! Nicht die Tochter, sondern der

Schwiegersohn Johann Wilhelm Wolf sollte zu ihrem Problem werden! So anregend, ja so faszinierend er war, so vielfältig sich die Zusammenarbeit mit ihm entwickelte, so schwierig entpuppte sich sein Charakter. Viel spricht dafür, daß sie ihn auch schon vor ihrer Triumphreise durch Belgien gekannt hatte. Wahrscheinlich war er es, der sie auf die niederländische Volkskunst aufmerksam gemacht und zum Erlernen des Flämischen bewogen hatte. In Brüssel gab er die flämische Zeitschrift *Broederhand* heraus und nahm Luises Novelle *Penella* darin auf. In Deutschland gründete er die *Zeitschrift für die deutsche Sittenkunde*, zu der nicht nur die Mutter Luise, sondern auch der Sohn Wilhelm v. Ploennies Beiträge lieferten. Sein Ruf als bedeutender Germanist war unbestritten. In seiner deutschnationalen Grundeinstellung folgte er dem Zug der Zeit und stimmte darin völlig mit der Dichterin überein. Aber auf die Dauer machte sein unsteter Charakter das Zusammenleben mit ihm immer schwieriger. Seine Stimmungen verdüsterten sich, seine extremen Ausfälle steigerten sich und nahmen mehr und mehr krankhafte Züge an. Seine fanatische Religiosität paralysierte das Familienleben, bis es sich einfach nicht mehr verheimlichen ließ, daß sich seine Erregungszustände zu einer unbeherrschbaren Geisteskrankheit ausgewachsen hatten. Wolf mußte in eine Nervenheilanstalt eingeliefert werden und starb dort im Jahr 1855 in geistiger Umnachtung. Danach überstürzten sich die Ereignisse. Luise hielt es nicht länger in Jugenheim. Sie verkaufte – nach dem Zeugnis ihres Bewunderers Pasqué – eher überstürzt ihr Haus zu dem gleichen Preis, zu dem sie es sieben Jahre zuvor erworben hatte und zog mit ihrer Tochterfamilie und ihren eigenen, noch zum Haushalt gehörenden Kindern nach Darmstadt in eine der vielen Wohnungen, in denen sie in dem folgenden Jahrzehnt gemeldet war. Aus den Namen der jeweiligen Hauseigentümer schließe ich, daß sie sich meistens bei guten Freunden oder Verwandten einmietete, z.B. im Haus der ehemaligen Nachbarn und der treuen Familienfreunde Dr. Rieger, im Hause Büchner in der Grafenstraße, am Marienplatz bei der Hofrätin Dittmar, bei ihrem Rechtsberater und Verwandten Vollhard in der Steinstraße u. a. Ruhelos waren ohne Zweifel die

Luise Büchner, Schriftstellerin

Wilhelm Baur, Generalsuperintendent

*Otto Roquette, Dichter und
Literaturhistoriker am Polytechnikum*

Ludwig I., König von Bayern

Jahre nach ihrer Rückkehr nach Darmstadt, und es ist schwierig herauszufinden, wo sie sich in dieser Zeit richtig zu Hause fühlte und mit wem sie einen persönlichen Umgang pflegte. Dabei wird ein Phänomen offenkundig und ist dabei kaum zu begreifen: warum sind in Darmstadt keinerlei Kontakte zwischen den exponierten Frauengestalten jener Jahre überliefert worden? Da lebten in nächster Nachbarschaft, häufig im gleichen Haus, miteinander die Dichterin Luise v. Ploennies (1803-1872); die wehrhafte Demokratin und Frauenrechtlerin Louise Dittmar (1807-1884) mit ihrem offensiven Aufsatz *Das Wesen der Ehe*, erschienen 1849 in Leipzig; Luise Büchner (1821-1877), die Schriftstellerin und Kämpferin für Frauenbildung und -erwerb, mit ihrem mehrfach aufgelegten Bestseller *Die Frau und ihr Beruf*, erschienen im Verlag Meidinger, Frankfurt 1855.

Alle drei haben diese Frauen Schriften hinterlassen, die bereits zur Zeit ihres Erscheinens nicht nur in ihrer Heimatstadt, sondern weit über ihre Grenzen hinaus Beachtung, Anerkennung und Kritik hervorriefen, das eine wie das andere bei Männern natürlich, die den Kanon von Politik, Kunst und Qualität damals noch allein aufstellten. Trotzdem ist es kaum zu begreifen, daß die ganz wenigen Frauen, die sich schon als selbständige Kulturträgerinnen begriffen, sich untereinander auf keine (bekannt gewordene!) Diskussion ihrer Grundsätze einließen. Wahrscheinlich schrieben sie sich keine bösen Briefe, legten sich nicht in der Öffentlichkeit an, hatten nicht im Sinn, ihre Eltern oder Ehemänner in Verlegenheit zu bringen und hielten sich mit abweichenden Ansichten und Meinungen so weit zurück, daß sie im Umgang miteinander den gebotenen „guten Ton" wahren konnten. Freundinnen waren sie nicht, begegnet sind sie sich fortwährend: ihre wechselnden Wohnplätze legten es nahe.

Aber dann endlich erreichte es Luise v. Ploennies dann doch noch einmal, für sich und ihre Kinderfamilie ein eigenes Haus zu erwerben. Allerdings: was mußte sie bis dahin erleben!

Marie und ihre Kinder, die Witwe eines Privatgelehrten ohne feste Einkünfte, blieben in ihrer Obhut, ihre zweite Tochter war noch nicht verheiratet und gehörte ebenso zum Haushalt wie ihre

Jüngste, Theodore, ein Kind von 11 Jahren. Für die Söhne war um diese Zeit gesorgt. Wilhelm und Franz verfolgten ihre Laufbahn als Offiziere, Wilhelm zu ihrem Trost und Schutz in einem hessischen Regiment, Franz weit entfernt in österreich-ungarischen Diensten. Nur kurze Zeit mußte man fürchten, daß im Zuge der Neuordnung in Mitteleuropa das ungarische Regiment womöglich aufgelöst würde und Franz seinen Abschied nehmen müßte. Aber die Sorge erübrigte sich, Franz beendete seine geradlinige Karriere als k.u.k. Oberst in Graz. Zutiefst getroffen wurde Luise, kaum ein Jahr nachdem Wolf begraben war, durch das Geschick ihres dritten Sohnes August, mit dessen Lebenserfolg sie sicher gerechnet hatte. Er war, entgegen den Vorstellungen seines Vaters, nicht Kaufmann geworden, sondern hatte in Gießen bei dem berühmten, aus Darmstadt stammenden Professor Justus Liebig ein Chemiestudium erfolgreich absolviert. Jetzt wollte er seine Kenntnisse sofort praktisch anwenden, und es gelang ihm leicht, die Mutter für seine Pläne gewinnen. Er war zwanzig und was er plante, lag im Trend: Luise ermöglichte ihm, eine Fabrik zu gründen und zwar eine Farbenfabrik, genau: eine Blaufarben-Fabrik, in der er nach Liebig'scher Methode künstliches Aquamarin massenweise herstellen wollte und dann auch tatsächlich herstellte. Er erwarb eine Mühle in Lautern, nicht weit von Bensheim im Lautertal und baute sie für seine Zwecke um. Die Unternehmung ließ sich gut an, die Fabrik florierte, so wie es aussah. Bereits mit zweiundzwanzig heiratete der junge Mann, ein Jahr später hatte er ein Kind und konnte sich als Ortsbürger von Lautern rühmen, Arbeit und Brot in das arme Odenwaldtal gebracht zu haben. Sein Werk gelang und existierte dank einer Kette von günstigen Umständen 144 Jahre lang bis 1996, aber er persönlich wurde ein Opfer des gnadenlosen Frühkapitalismus. Nachdem Liebig die Formel für die künstlichen Farben erst einmal erfunden hatte und die fabrikmäßige Herstellung gefunden war, erwuchs dem jungen Unternehmer in kürzester Zeit so viel Konkurrenz, daß der Markt die Ware nicht aufnehmen konnte. Zwei Jahre nach Aufnahme der Produktion in Marienberg, so hatte August v. Ploennies sein Werk, vermutlich nach seiner Schwester, genannt, stand er vor der Pleite und nahm sich das Leben, wie es nach wie vor im Lautertal vermutet wird. Alle Umstände sprechen dafür: August von Ploennies starb im Alter von 24 Jahren am 16. März 1856 und wurde bereits tags darauf begraben. Im Reichenbacher Kirchenbuch findet sich folgende Eintragung:

„Im Jahre 1856, den 16. März nachts halb eins starb auf dem Marienberg bei Lautern ... August von Ploennies, Ortsbürger zu Lautern und Fabrikant ... Wurde den 17. desselben Monats nachmittags 3.00 christlichen Brauches nach zur Erde bestattet in Gegenwart seines Bruders Ludwig Wilhelm von Ploennies, Major im 3. Großherzoglichen Infanterieregiment zu Worms, und seines Schwagers August Schulz, Leutnant im 1. Infanterieregiment zu Darmstadt, welche gegenwärtiges Protokoll neben dem Pfarrer unterschrieben haben."

Warum wurde er nicht in Darmstadt im Familiengrab beigesetzt? Warum der überflüssige Hinweis „christlichen Brauches nach"? Wozu die protokollarischen Unterschriften der beiden Offiziere? Außer ihnen nahmen keinerlei Familienmitglieder an der Bestattung teil. Die Mutter? Die Schwester? Es mag sein, daß es in jenen Jahren noch Sitte war, daß Frauen an Beerdigungen nicht teilnahmen, aber auch die überall übliche Trauergemeinde schien gefehlt zu haben. Die Brüder Franz und Karl lebten zur Zeit im Ausland, Franz in seiner Garnison, Karl in Wien. Der Jüngere bemühte sich dort händeringend, eine Stellung als Commis in einem Handelshaus zu finden, aber da wie schon vorher in Prag und auch im nahen Mainz grassierte die Arbeitslosigkeit, und einträgliche Posten waren rar. Der Mutter schreibt er nach dem Todesfall wenig hilfreich, aber sicher so gemeint: *„Ganze Familien bringen sich wegen Nahrungslosigkeit hier um. Kaum daß ein Vater seinen vier Kindern, sich und seiner Frau den Hals abgeschnitten, daß alle 6 todt blieben, höre ich. Heute wieder von drei Schwestern, welche sich in den Donaukanal stürzten. Selbstmorde kommen mindestens 3 auf den sechsten Tag..."*

Das Thema wurde also auch von ihm, wenn auch reichlich roh, angesprochen. Dabei muß Karl gerade mit seinem Bruder August ein besonders vertrautes Verhältnis gehabt haben. Es liegt ein Brief vor, in dem er ihm sein Leid darüber klagt, daß er trotz ständiger Bemühung keine Arbeit finden könnte, einfach, weil bei der stagnierenden Wirtschaftslage keine Arbeit da sei.

Von Luise selbst hören wir in diesen Schicksalstagen nichts, nur die Fakten sind festgehalten. Die Schwiegertochter brachte sechs Monate nach dem Tod ihres Mannes einen Sohn zur Welt. Ihr Vater und ihre Brüder wirtschafteten auf dem Marienberg weiter, was Karl in dem fraglichen Brief an die Mutter zu der Bemerkung veranlaßt: „Ich könnte es nicht mit ansehen, wie S. [Schulz] und seine Buben das Kommando führt."

Für die Mutter, Frau v. Ploennies, muß die Seelenlage trostlos gewesen sein. Ihre Investition in das Blaufarbenwerk war bereits der zweite Ansatz, mit dem sie eine feste wirtschaftliche Grundlage für ihre Familie herzustellen versuchte. Der erste Versuch in Jugenheim war durch den Tod ihres vielversprechenden Schwiegersohns Wolf gerade gescheitert, da verlor sie den Sohn, auf dessen Lebenserfolg sie gesetzt hat, gewiß auch in Gedanken an ihren unruhigen Sohn Karl, den zu der Zeit arbeitslosen Kaufmann, und wohl auch im Hinblick auf ihre unversorgten Töchter. Diese praktische Überlegung mußte in diesen Tagen durch ihren Kopf gehen, aber um wieviel schwerer mag ihr dabei die Wahnsinnstat ihres vierundzwanzigjährigen Kindes auf ihrer Seele gelegen haben, eine Tat, die ganz und gar außerhalb ihrer Vorstellungswelt lag. Der Treppenwitz der Weltgeschichte will es allerdings, daß das Blaufarbenwerk Marienburg im Lautertal keineswegs liquidiert wurde, sondern durch geschickte Umschuldung weiter existieren konnte. Zunächst übernahm Wilhelm v. Ploennies zusammen mit der jungen Witwe Charlotte Auguste, geb. Schulz, die Leitung, und es gelang dem berufsfremden Offizier, was dem jüngeren Bruder nicht gelingen wollte. Er konnte Darmstadts einflußreiche und vermögende Bürger zur Unterstützung des Unternehmens gewinnen, die als Konsortium die Firma in Form einer Aktiengesellschaft weiterführten. Dazu gehörte der Kaufmann Carl Merck, der älteste Sohn des Darmstädter Apothekers Emanuel Merck, der sich mit 7000 Gulden an dem Unternehmen maßgebend beteiligte. Auch die anderen

Mitglieder werden sich sicher finanziell engagiert haben. Dazu zählten auch der vermögende Rechtsanwalt Dr. Karl Johann Hoffmann und der Anatomieprofessor (in Basel) Dr. Karl Ernst Emil Hoffmann, daneben der Rechtsanwalt Lindt, der Fabrikant und Großkaufmann Friedrich August Wenk und Dr. Georg Freiherr v. Wedekind, ein sehr reicher Vetter der Brüder v. Ploennies. Aber das Konsortium half nicht nur finanziell, sondern es berief auch einen hervorragenden Chemiker – natürlich auch er ein Liebigschüler – zum Direktor des Blaufarbenwerkes: Dr. Reinhold Hoffmann, einen völlig mittellosen Vetter obiger Hoffmanns. Unter seiner 24jährigen Leitung erlebte das Blaufarbenwerk auf dem Marienberg eine Blütezeit.

So kann man sagen: über den Schock und die Trauer, die mit dem Verlust ihres Sohnes August über Luise v. Ploennies hereingebrochen war, ging die Zeit mit der ihr eigenen Gleichgültigkeit weiter. Die Zeit trägt die Ereignisse auf ihrem Rücken wie sie kommen. Und sie kommen wie sie wollen. Längst bevor der persönliche Abschiedsschmerz der Mutter von ihrem Sohn getröstet sein konnte, und längst ehe eine wirtschaftliche Konsolidierung seines Beinah-Scheiterns sich anbahnte, nämlich bereits 1857, d.h. ein Jahr später, erklärte Luises jüngster Sohn Karl, daß er fest entschlossen sei, nach Amerika auszuwandern, da er zur Zeit in Deutschland, bzw. im ehemaligen deutsch-österreichischen Reichsgebiet keine angemessene Arbeit finden könne. So hatte er es bereits bezeugt in seinen Briefen aus Prag und Wien. Das gab ihm, wie der Zwanzigjährige argumentierte, das Recht, seine Chance in Übersee zu suchen, wie so viele vor und neben ihm. Ob es wegen dieser Sache zu einer Auseinandersetzung zwischen Luise und ihrem Sohn kam, ist nicht dokumentiert, aber daß er sich mit seiner Forderung durchsetzte und sich tatsächlich bereits Anfang November 1856 nach New Orleans in die Südstaaten einschiffte, berichtet er selbst in seinem Brief aus Bremen. Typisch ist es, daß er in allen seinen Briefen seine jeweils miserable wirtschaftliche Lage mit genauen Zahlenangaben vorstellt und ein entsprechendes Eingreifen der Mutter in Rechnung stellt. Nach allem, was er in den nächsten 15 Jahren nach Darmstadt schreibt, und das war nicht viel, im Jahr ein Brief, konzentrierte er sich auf zwei Problemkreise: sein Fortkommen auf den verschiedensten Schauplätzen und die finanziellen Mittel, die ihm dazu fehlten. Immer wieder muß Luise ihm auf die Beine helfen, und jedes Mal war es ganz bestimmt das letzte Mal. Weit schwerer aber als die Anpumperei war ihre ständige Angst um den unbändigen Sohn. Sie gipfelte für sie in Karls kopflosem Entschluß, sich als einfacher Soldat unter falschem Namen für fünf Jahre in das amerikanische Linienregiment anwerben zu lassen, das auf breiter Front von Süd nach Nord gegen die Indianer antrat und sie mit Gewalt aus ihren angestammten Wohnplätzen vertrieb. Kurz angebunden meldet er der Familie den vollendeten Tatbestand in seinem Brief aus St. Louis vom 20. März

„St. Louis, Staat Minnessouri, 20.3.57

Liebe Mutter und Geschwister!
Heute schreibe ich schon wieder und wo? In der Wachtstube! des amerikanischen 1. Linienregiments, wo ich auf fünf Jahre engagiert bin, um gegen die Indianer in New Mexico, Kansas und California zu kämpfen! Ihr glaubt vielleicht, ich mache Spaß, leider ist es ernst. Ich hatte in New Orleans bei einem französischen Creolen eine Stelle, welche den faulsten Kerl befriedigt hätte, ich hatte schon fl 300 erspart, als ein falscher Deutscher Freund mich beschwätzte, mit ihm heimlich nach St. Louis (1200 Meilen von New Orleans) zu reisen, mich daselbst beim Militär anwerben zu lassen und das Anwerbe-Geld von fl 400 anzunehmen, welches mir der besagte Deutsche in der Nacht stahl und nach Illinois durchging. - Dem ohngeachtet kann ich nach 5 Jahren, wenn ich am Leben bleibe, doch noch einige 1000 Gulden nach Darmstadt bringen und mich ein 1/2 Jahr von meinen fürchterlichen Strapazen im Urwald bei Euch erholen und dann nach New Orleans zurückkehren, da ich auf die Dauer in Deutschland um keinen Preis leben möchte. –
Leider kann ich Euch eine Adresse von mir nicht mitteilen, da unser Regiment fortwährend marschiert, dagegen werde ich alle Jahre einmal Nachricht geben. Morgen früh geht's nach Kansas und ich bin inzwischen

Euer Carl

Je serve dedans le Régiment, sous un autre nom!“

Ein ganzes Jahr mußte Luise v. Ploennies darauf warten, bis diese Nachricht ihres Jüngsten sie erreichte, aber was für einen Schock muß sie ihr verpaßt haben! In einen gesicherten Arbeitsvertrag hatte sie ihn schweren Herzens nach Amerika ziehen lassen, aber wo war er angekommen! Auf der Indianerjagd! Das muß sie geradezu in Panik versetzt haben, erst recht, weil sich ihr damit eine weitere schmerzliche Erinnerung verband. Elf Jahre vorher war ihr einziger Bruder auch nach den Staaten ausgewandert und ebenfalls bei den Invasionstruppen gelandet. Nun lag Karls Brief mit dem gleichen Absender – „Fort Leavensworth" – vor ihr, dem berühmten Vorposten des 1. amerikanischen Linienregiments auf seiner gewaltsamen Landnahme. An diese Adresse hatte Luise ihrem Bruder geschrieben und unter dem Titel *Aus dem Tagebuch eines Deutschen in Amerika* über seine Erlebnisse in Dullers *Vaterland* berichtet. (*Vaterland Nr. 27/1846*). Aber wie anders klingt das jetzt in dem verzweifelten Antwortbrief der Mutter an den Sohn!

„An Karl von Ploennies, Soldat im 1ten Linienregiment der amerikanischen Armee Fort-Leavensworth, Kansas Territorium

Lieber Karl!
Nach einem langen Jahr vergeblicher Erwartung und Sorge um Dich, ist mir endlich am 18ten d. Monats Dein Brief vom 12ten Februar aus Fort Leavensworth zugekommen, daß er an Deinem Geburtstag eintraf war kein Zufall, und ich dankte Gott, daß er Dich bis dahin in allen Gefahren behütet hat. Ich begreife, daß dies wechselvolle, abenteuerliche Leben, großen Reiz auf einen jungen Mann haben kann, aber ich bezweifle nicht, daß dieser Reiz zerrinnen wird, wenn Deine Kräfte sich erschöpfen. Aber selbst wenn Deine gute Konstitution aus allen Entbehrungen und Gefahren unerschüttert hervorgehen sollte, wirst Du doch nach fünf in solcher Weise hingebrachten Jahren, für jede andere Stellung, zu welcher Deine Geburt und Fähigkeiten Dich berechtigen, unbrauchbar geworden sein.
*   Es ist schwer für mich, die Motive zu begreifen, welche Dich bewogen, Dich anwerben zu lassen, es wäre unvernünftig über Geschehenes zu klagen,*

ich will darum mich von der Vergangenheit abwenden und Dich nur dringend bitten, Deine Zukunft, Deine beste Lebenszeit, Deine Körper- und Geisteskräfte nicht so fruchtlos zu verschwenden! Deine ganze Familie vereinigt sich mit mir in der dringenden Bitte, daß Du Dich ermannen und diese gefährliche Bahn verlassen mögst. Die Geldsumme, die erforderlich ist, um Dich loszukaufen, ist von mir der amerikanischen Behörde zur Verfügung gestellt worden, kann aber nur dann zu Verfügung gestellt werden, wenn Du in einer beglaubigten Quittung diese Schuld gegen Deine Mutter anerkennst. Ich bitte Dich dringend, diesen Ausweg alsbald zu ergreifen und uns so schnell als möglich von Deinen Vorsätzen zu benachrichtigen. Ich bitte Gott, daß er Dein Herz lenken und die schwere Last des Kummers von mir nehmen möge, die Dein unkindliches Verfahren auf mein ohnehin schwer geprüftes Herz geworfen hat. —

Bedenke, was das Ende sein wird, wenn Du in dieser Weise fortfährst. Du wirst in Jammer und Elend untergehen, während es Dir freistand eine ehrenvolle Stellung in der menschlichen Gesellschaft einzunehmen. Kehre deshalb um, ehe es zu spät ist und laß das Beispiel Deines unglücklichen Oheims Dich warnen! seine bereuenden Zeilen, die er aus demselben Fort Leavensworth an mich schrieb, nachdem er fünf fürchterliche Kriegsjahre überstanden, liegen vor mir. Seine eiserne körperliche Natur hatte allem getrotzt, aber die Kraft seiner Seele war gebrochen, die Reue also, sein Leben verloren zu haben, ließ ihn zu keiner Freude und Ruhe kommen. Du weißt, daß auf seinem Andenken ein ewiger Trauerschatten liegt und laß sein warnendes Beispiel Dich zurückführen, ehe es zu spät ist, und danke Gott, daß Du durch die Güte Deiner Großmutter über eine Summe gebieten kannst, die Du nicht besser anwenden kannst, als Dich loszukaufen. Es kann Dir bei Deinen kaufmännischen Kenntnissen nicht schwer werden, eine geeignete Stelle in einem soliden Geschäft zu finden.

Aber Du mußt Dich jedenfalls gleich nach Deinem Austritt aus dem Militär darum ernstlich bewerben. Es wird Dir eine für Deine ersten Bedürfnisse ausreichende Summe ausgezahlt werden, deren Empfang in Deiner Quittung über die Loskaufungssumme ebenfalls ausgedrückt sein muß. In jedem Fall laß uns baldmöglichst Deine Vorsätze und Entschließungen wissen, wir wollen dir gerne behülflich sein, so viel es möglich ist. Dein Bruder Wilhelm, der gute Aussichten auf eine Bezahlung seiner Erfindung hat, läßt Dir sagen, daß er Dich gern mit Geldmittel unterstützen werde, sobald Du den Weg der

Vernunft wieder betreten würdest. In dieser festen Hoffnung sage ich Dir Lebewohl, Gott sei mit Dir!
Deine treue Mutter

Luise von Ploennies

Darmstadt, den 22ten März 1858"

Wo der Schreibtisch stand, an dem Luise v. Ploennies ihren beschwörenden Brief an ihren Karl geschrieben hat, weiß ich nicht genau, aber daß sie bereits 1854 mit ihrer Tochter Marie nach Darmstadt zurück gezogen war, geht aus einem Gedenkartikel hervor.

In diese Zeit fällt die Einweisung Wolfs in die Hofheimer Anstalt, und ich gehe davon aus, daß der Umzug damit zu tun hat. ganz gewiß spielt dabei auch das Projekt „Blaufarbenwerk in Lautertal" seine Rolle. Das romantische „Dichterheim" hatte ausgespielt, und die Familie suchte ihre finanziellen Reserven in den schlechten Zeiten gewinnbringender anzulegen. Wer hätte dafür ein besserer Garant sein können als der Sohn und Bruder?

Nach mancherlei Umzügen in der Stadt war im Jahr 1858 die Großfamilie v. Ploennies-Wolf laut polizeilichem Meldebogen in der Grafenstraße 39 gemeldet, dem Elternhaus der Büchners, nahe dem Haus, das ihnen einmal selbst gehört hatte. Nicht weit davon lebten ihre guten Freunde Rieger. Auf doppelte Weise waren sie ihnen verbunden. Dr. Rieger und Dr. v. Ploennies waren Arztkollegen – wie übrigens auch Dr. Karl Büchner und sein Sohn Dr. Ludwig Büchner; Max Rieger und Wilhelm v. Ploennies bewahrten lebenslang ihre frühe Jugendfreundschaft. Die Buben hatten die gleiche private Vorschule und das Gymnasium besucht, ehe sie durch ihre Berufswege getrennt wurden: Wilhelm trat ins Kadettencorps ein, Max studierte in Gießen Germanistik. Angeregt durch ihr gemeinsames Interesse an der germanischen Volkskunst, fanden sich in diesen Jahren die jungen Männer wieder nahe zusammen. Wilhelm übersetzte den altdeutschen Text der Gudrun-Sage in die moderne Schriftsprache, Max restaurierte als der Fachmann die

124

originale Metrik. 1852 brachten sie die Arbeit gemeinsam heraus und ernteten in der Öffentlichkeit damit großes Lob.

Wenn überhaupt etwas geeignet war, Luises Not in jenen Jahren zu mildern, so war es bestimmt die Tatkraft und die Zielstrebigkeit ihres Ältesten. Er war es, der die Fäden in die Hand nahm. Zwar konnte er der Mutter die menschlichen Verluste nicht ersetzen, aber es gelang ihm, ihre äußeren Lebensverhältnisse wieder in Ordnung zu bringen. Ihm war zu verdanken, daß das Blaufarbenwerk auf dem Marienberg, wenn auch in einer neuen Rechtsform, weiter existieren konnte, so daß sie nach Abschluß der Verhandlungen sich noch einmal ein eigenes Haus kaufen konnte und zwar in Bessungen im Herdweg 46, der in jener Zeit nach Süden hin noch unverbaut war, so daß der vordere Odenwald und die Bergstraße in Luises Arbeitszimmer schauten wie zuvor in Jugenheim.

Aus dem Herdweg, Bessungen bei Darmstadt:

I.
Die wachen Augen

Die Nacht ist wieder da
Und alles geht zur Ruh
Sie schließen fern und nah
Die kleinen Häuser zu.

Gelöscht hab ich das Licht
Und nun umschließt mich Nacht
Doch schließt mein Aug' sich nicht
Weil ja mein Herze wacht.

Ach unter manchem Dach
Im deutschen Vaterland
Sind Mutteraugen wach
Voll Angst emporgewandt.

Mit stummer Bitte seh'n
Sie auf zu Gott dem Herrn
Mit heißen Thränen fleh'n
Sie für die Söhne fern.

Und ob für dieses Mal
Kein Sohn im Feld mir steht
Ich fühl der Mutter Qual
Ich stimm in ihr Gebet.

O Friede, Friede fließ
Herab, o gold'ne Ruh
Du Friedenstochter schließ
Die wachen Augen zu.

Da klingt es durch die Nacht
Wie leiser Silberschall:
Das Vaterauge wacht
Und zählt die Thränen all.

II.

Immer ist's hier oben schön,
Ist der liebe Sommer hin
Kleiden sich die nackten Höh'n
In den Winterhermelin
Alles schimmert weit und breit
In der blanken Herrlichkeit.
Von den Bäumen allzumal
Fallen weiche weiße Flocken
Hell am Abend geht durchs Thal
Friedensgruß im Klang der Glocken.
Herrlich über allem spannt
Sich ein groß Stück Himmel aus,

Aus dem Gartenweg, Kastanien bei Darmstadt.

1.

Die wachen Augen.

Die Nacht ist wieder da
Und alles geht zur Ruh,
Die schließen fern und nah
Die kleinen Händen zu.

Unlöscht hab ich das Licht
Und nun umschließt mich Nacht,
Doch schließt mein Aug sich nicht,
Weil ja mein Herze wacht.

Ach wieviel manchem Buch
In Deutschen = Mutterland
Sind Mütteraugen wach
Voll Angst nun so gespannt;

Mit stummer Liebe sehn
Die auch zu Gott dem Herren,
Mit heißen Thränen flehn
Die für die Söhne fern.

Und ob für diese mal
Dein Sohn im Feldweis steht,
Ich fühl der Mütter Qual,
Ich sinn in ihr Gebet.

O Frieda, Frieda, fliegt
Herab, o goldner Ruh
Die Frieden bringt schließt
Die wachen Augen zu!

Da klingt es durch die Nacht
Ihr leiser Silberschall:
Das .... wacht
Und zählt die Träume all.

———
II

.... ist hier oben schön,
Läßt der liebe ....
Kleiden sich die nackten Höh'n
In den Winterhermelin;
Alles schimmert weit und breit
In der .... Herrlichkeit.

Von den Bäumen allzumal
Fallen .... Flocken;
Hall von Abend geht durch Thal
.... geht im Klang der Glocken.
.... über allem Schmerz
Sieht .... aus;
.... Herz ist mir bekannt,
Ihr ein Licht im Vaterhaus,
Und mein Herze .... ganz still
Ob die Thür nicht .... gehn will.

Roßbaumirt.

6. Febr.
1871.

Jeder Stern ist mir bekannt
Wie ein Licht im Vaterhaus,
Und mein Herze seufzet still
Ob die Tür nicht aufgeh'n will.

6. Februar 1871

Aus dem Datum samt Unterschrift des handschriftlich übermittelten Gedichts entnehme ich, daß Luise v. Ploennies den deutschfranzösischen Krieg 1870/71 und die Gründung des Deutschen Kaiserreichs noch mit starker Anteilnahme verfolgt hat. Die nationale Entwicklung entspricht genau dem Traumbild, dem sie zeitlebens angehangen hat. Mit dem politischen Endergebnis der konstitutionallen Monarchie im föderalen Verbund der vielen deutschen Herrschaften, waren ihr – wie den meisten Deutschen – die blutigen Kriege ihres Jahrhunderts nicht zu teuer und sie trug mit stolzer Würde die Opferrolle, die ihr als Mutter mit allen anderen Müttern von dem Vaterland auferlegt war. Aber sie war auch durchaus im Stande, in ihrem letzten Lebensjahr ihrer patriotischen Begeisterung noch jubelnde Verse zu widmen.

Aber noch war die Zeit der Poesie für sie nicht wiedergekommen, und was dann in den sechziger Jahren doch wieder mächtig in ihr aufbrach, wuchs aus einer anderen Wurzel. Und auch in dieser Hinsicht gab Wilhelm die maßgebenden Impulse. Aber diesmal ging es nicht mehr um Volkskunst und Lied, die das Haus Ploennies fortan beherrschen sollten, sondern die Frage nach dem rechten evangelischen Glauben. Nicht daß das Thema Religiosität neu gewesen wäre! Wolf hatte es seit Jahren herausgefordert, und Luise war mit ihren Dichtungen *Abälard und Heloise* und *Mariken von Nymwegen* längst auf dieser Geistesspur unterwegs. Aber Sohn Wilhelm gab ihr eine neue Wendung.

Er selbst, der junge Offizier, hatte sich mit seinem Freund Max Rieger einem akademischen Freundeskreis in Gießen angeschlossen, der sich intensiv über die Erneuerung des evangelischen Glaubens Gedanken machte. Ein junger Theologe, Wilhelm Baur, stellte für sie alle die erbarmende Jesusliebe in den Mittelpunkt,

129

Moritz Carriere, ein junger Privatdozent, gab ihr den systematischen Rahmen. Eine ganze Reihe weiterer Studenten tauchten bei ihren offenen Begegnungen auf, auch junge Offiziere, z.B. Wilhelms nächster Kamerad Leutnant Königer. Wilhelm war von der Innigkeit und Tiefe ihrer gemeinsamen Glaubenserfahrungen derart überzeugt, daß er Freund Baur sogar mehrmals nach Jugenheim mitbrachte, um auch seine schwer geprüfte Familie daran teilhaben zu lassen. Es ist überliefert, daß Baur sogar mehrmals die Woche nach Jugenheim wanderte, um der Familie von Ploennies evangelischen Religionsunterricht zu erteilen. Aber bald nach seiner Ordination in Arheilgen, im Sommer 1855, wurde er versetzt und kehrte erst gegen Ende seines erfolgreichen Berufswegs als Generalsuperintendent der Rheinprovinzen nach Hessen zurück.

Auch Moritz Carriere verließ Gießen und folgte einem Ruf als Professor der Ästhetik an die Kunstakademie in München, aber er blieb mit der Familie von Ploennies in Beziehung und Luise widmete ihm ihren *Abälard.* Max Rieger konnte es sich finanziell leisten, eine Professur der Germanistik in Basel früh aufzugeben und sich als Privatgelehrter in Alsbach niederzulassen. Sein evangelisches Zeugnis ist in Darmstadt am deutlichsten wahrnehmbar: er stiftete unerkannt die Mittel für den Bau der Martinskirche auf dem, nun so benannten, Riegerplatz. Julius Königer fiel im Krieg 1866 zwischen Österreich und Preußen.

Aber diese Kurzbiographien sagen natürlich noch nichts von der ungeheuren Suggestionskraft aus, die dieses demütige gottergebene Glaubensbekenntnis auf die ältere Luise v. Ploennies hatte. Aber es wurde ihr nahegebracht und – von der Familie ihres Sohnes vorgelebt. Die in den „Banden des Rationalismus befangene Theologie" der kirchlichen Lehrmeinung jener Tage, wie Baur es ausdrückte, lag ihr ebenso wenig wie die unorthodoxe Ausrichtung der Deutschkatholiken. Dagegen fielen ihr die Bilder der Gemeinschaftschristen sanft ins Herz: Jesusliebe und Gottinnigkeit, Demut und Geduld, Vaterland und Treue, Volkslied und frommer Gesang. Hier konnte ihre verschüttete Poesie aus neuen tieferen Quellen schöpfen.

Für die Dichterin muß diese Erweckung geradezu als Befreiungsschlag gewirkt haben. Jetzt fühlte sie sich persönlich angesprochen, wo sie zuvor nur fremde Stoffe adaptiert hatte. Wie der Fortgang ihres Lebens beweist, wurde die Gottseligkeit der Leitstern ihres letzten Jahrzehnts. Von ihren vormaligen Erfolgen als Übersetzerin und Dichterin soll sie, wie ihre Freundin Emilie Mangold berichtet, nicht mehr gesprochen haben. Was sie angefangen hatte, führte sie zu Ende. Sie ergänzte ihre Übersetzungen aus dem Englischen und ergänzte sie mit Kurzbiographien der Autoren. Später wandte sie sich nur noch biblischen Themen zu. Über sich selbst sagt sie: *„Da die Schwalbe die Altäre des Herren nicht fand, um daran ihr Nest zu bauen, streifte ich mit unbefriedigter Sehnsucht umher. Der mit jeder Dichternatur verbundene Drang, das Ergriffene zu idealisieren, birgt in sich große Gefahren. Nur Licht der ewigen Wahrheit vermag diesen Drang zu läutern, und zu verhüten, daß er nicht, in Abgötterei ausartend, die traurigsten Enttäuschungen im Gefolge hat. Die Sehnsucht nach dem Ewigen lag immer noch in meiner Seele, aber da sie nirgends dafür ein bestimmtes Ziel fand, so machte sie sich selbst ihre Götzen und nannte sie Liebe und Poesie."*

Es ist bemerkenswert, daß eine Frau wie Luise v. Ploennies, die doch so weit mehr als fast alle Frauen ihrer Generation mit persönlichem Erfolg belohnt wurde, so strenge, aber auch einschränkende Maßstäbe an ihre Kunst legte. Sie galt als eine Berühmtheit, die mit einer Dichterin wie der Annette von Droste-Hülshoff in Konkurrenz trat und in literarischen Kreisen, wenn auch nur für ihre kurze Lebenszeit, so gehandelt wurde. Sie trat öffentlich auf, wurde im Ausland gefeiert und versammelte bekannte Repräsentanten der Politik, Wissenschaft und Kunst in ihrem Haus, korrespondierte erfolgreich mit ausländischen Dichtern und vor allem auch mit englischen Verlegern, die ihr ihre eigenen Dichterfürsten Byron, Shelley, Wordsworth usw. zur Übersetzung anvertrauten. Dabei war sie keineswegs das, was man zu ihrer Zeit als „Emanze" verspottete. Sie war die gerühmte Hausfrau eines angesehenen Mannes und die Freud- und Leidensmutter ihrer vielen Kinder.

Professor Otto Roquette, zweifellos ein Fachmann in literarischen Kreisen, erzählt in seinen Lebenserinnerungen von seinen Besuchen in Luises Haus in Bessungen: „*Sie mußte das siebzigste Lebensjahr bereits überschritten haben, erschien zuweilen körperlich sehr hinfällig, zu anderer Zeit, wenn sie sich geistig angeregt fühlte, lebhaft und gesprächig. Trotz ihrer Jahre, hatte sie an ihrer dichterischen Ausdrucksfähigkeit noch nichts eingebüßt, wie sie denn an ihrer biblisch dramatischen Dichtung 'David' noch tätig war. Aber die alte Dame lebte nach außen vollständig zurückgezogen, ja sogar in ihrem Haus in einer gewissen Vereinsamung. Sie hatte verheiratete Töchter und Söhne, hatte Enkel (deren einige zu meinen Schülern gehörten), sie wurde als Großmutter verehrt, aber mir schien, als ob die jüngere Generation der Dichterin in ihr nicht genügend Rechnung trage.*

Sie selbst las ihre eigenen Dichtungen, freilich in einem etwas ermüdenden hohlen Pathos, ohne viel Abwechslung der Stimme vor, auch griff es sie an, daher ich mir zu erlauben bat ihr schönes indisches Märchen Sawitri einmal an ihrer statt vorlesen zu dürfen. Die Vorlesung machte den erwünschtesten Eindruck, und der Dichterin viel Freude..."

Es blieb nicht bei der einen Vorlesestunde mit Otto Roquette. Luise nahm sein Angebot immer wieder auf und lud Freunde und Verwandte ein, um ihnen ihre neuesten Arbeiten vorzustellen. Aber gewiß sah Roquette auch das andere richtig: bei den Jüngeren kam ihr Stil nicht mehr an. Ihre Romantik hatte sich an ihrem eigenen Überschwang aufgezehrt, ihr Volkston war verklungen. Balladen und Gesänge schmückten nicht länger die Titelseiten der Literaturzeitschriften. Die Prosa lief der Poesie den Rang ab, und die Zeitgenossen gingen dazu über, Romane zu „schmökern" anstatt sich an feinsinniger Poesie zu „delektieren". Für die erfolgverwöhnte Luise v. Ploennies war das ein herber Verlust. Ihre Klientel bröckelte ab, und nur jene blieben ihr, die ihr in ihre gottselige Welt folgen mochten. Mit ihrem Gedicht *Die sieben Raben* (München 1862) verabschiedete sie sich von der Märchenwelt und erlebte damit noch einmal die Genugtuung, aus dem berufenen Mund der Brüder Grimm beglückwünscht zu werden. *Sawitri*, ein Stoff aus der Sammlung indischer Sagen von Adolf Hölzmann fand ein

132

wohlwollendes Publikumsecho in der Vertonung von Karl Amand Mangolds gleichnamigem Oratorium (München 1862). Aber danach wandte Luise sich in ihren Dichtungen nur noch biblischen Themen und Gestalten zu: *Die Lilien auf dem Felde* (Ein Gedichtband. 1864). Die poetischen Erzählungen: *Joseph und seine Brüder. Ruth. Maria von Bethanien* (alle 1864). Dazu hinterließ sie zwei geistliche Dramen: *Maria Magdalena* und *David*, die später von Luises Tochter Marie herausgebracht, aber von der Kritik kaum noch wahrgenommen wurden. Luises Zeit war vorbei, obwohl ihre Produktivität bis zu ihren letzten Jahren ungebrochen blieb. Mit ihrem Rückzug in die geistliche Erlebniswelt entzog sie sich von sich aus einer Einflußnahme auf den Zeitgeist. Die tiefreligiöse Bewegung, in die sie durch den jungen Vikar Wilhelm Baur Eingang gefunden hatte und der auch ihr Sohn Wilhelm und sein Freund Max Rieger angehörten, blieben ihr Heimat, und die Gemeindeblätter und -organe boten sich für ihre Publikationen an. Anläßlich des zehnjährigen Jubiläums des Elisabethenstiftes schrieb sie in der bewährten Erzählform eine Versdichtung über das Leben der Heiligen Elisabeth.

Wie es scheint und sie es selbst in ihren letzten Versen überliefert hat, sah Luise v. Ploennies mit Gelassenheit ihrem Ende entgegen. Ein letzter Schicksalsschlag traf sie, als ihr ältester Sohn und treuer Berater Wilhelm im August 1871 nach langem Schmerzenslager starb. Sie trug den Verlust geduldig, weil sie unverbrüchlich im Glaube ein baldiges Wiedersehen erhoffte. Tatsächlich wurde sie fünf Monate später, am 22. Januar 1872, durch einen sanften Tod erlöst.

Eines ihrer letzten handschriftlich überlieferten Gedichte fand ich in der Autographensammlung der Luise von Ploennies im Stadtarchiv Darmstadt:

Ich saß im Abenddämmerschein
So mutterseelen ganz allein
Von wachem Traum umfangen.
Mit meinem Innern'n Auge sah
Ich die vorangegangen.
Ein jeder ging für sich allein,

Schien ganz und gar versenkt zu sein
In schlummerlosem Frieden;
Wie Boten immer vorwärtsgehn,
Kein einzig mal zurückesehn
In Frieden – doch geschieden.

Nur einer trat zu mir herein,
Er sah mich lange fragend an,
Sein Aug ward trüb und trüber. –
Und schmerzlich fragend sah auch ich
Ihn fragend an – nun zieht es mich
Hinüber, ja hinüber.

Das Familiengrab von Ploennies auf dem Alten Friedhof in Darmstadt

Anhang

Das literarische Darmstadt der Jahrhundertmitte
Seine Vorbilder und Freunde

AUERBACH, Berthold (1812-1882): Populär machten ihn die realistischen Dorfgeschichten, der Roman *Barfüßele* und die *Volkskalender*.

BAUR, Wilhelm (1826-1897): Theologe aus dem Freundeskreis der Familie v. Ploennies, der den mystischen Glaubensrichtungen der vorreformatorischen Kirche huldigte, stellte die Jesusliebe in den Mittelpunkt seiner Betrachtung. Sein Glaube gewann große Überzeugungskraft bei der Dichterin Luise v. Ploennis, wenn er sagt: das deutsche Volk und das Evangelium, Christentum und Volkstum gehören zusammen. Vaterland und Gesang sind ein großer Reichtum.

BRENTANO, Clemens von (1778-1842): Enge Freundschaft mit Achim von Arnim. Volksliedersammlung *Des Knaben Wunderhorn*.

BUCHNER, Karl (1800-1872): Publizist, Justizrat, Zeitungsmann, enger Freund Freiligraths.

BUCHNER, Wilhelm (1829-1900): Sohn von Karl Buchner. Schrieb Biographie über Freiligrath nach dessen nachgelassenen Briefen an seinen Vater (*Ein Dichterleben in Briefen*).

BÜCHNER, Luise (1821-1877): Zeitgenossin der LvP, Schwester des Dichters Georg Büchner, Mitarbeiterin der Großherzogin Alice. Bekannt durch ihr erfolgreiches Buch *Die Frauen und ihr Beruf. Ein Buch der weiblichen Erziehung*. (1. Auflage Frankfurt 1855). Obwohl auch sie zeitweise in unmittelbarer Nähe von LvP bei ihrem Bruder, Dr. Ludwig Büchner, in der

136

Hölgesstraße 14 wohnte, sind keine näheren Beziehungen zwischen den Frauen bekannt geworden.

CARRIERE, Philipp Moritz (1817-1895): Aus dem Freundeskreis von Wilhelm v. Ploennies, dem ältesten Sohn der Luise v. Ploennies, und dem Theologen Wilhelm Baur. Philosoph. Forderte eine Befreiung des Christentums aus den Banden des Rationalismus. Arbeitete als Privatdozent an der Gießener Universität über die mittelalterliche Mystik Jacob Böhmes.

CHAMISSO, Adalbert von (1781-1838): Deutscher Dichter. Verbindung zu Achim v. Arnim und Clemens v. Brentano, Wilhelm Grimm, Heinrich v. Kleist. Freiligrath ging in seinem Haus ein und aus.

DIEFENBACH, Lorenz (1806-1897): Pfarrer und Bibliothekar, deutschkatholischer Prediger in Offenbach. Durch Duller als Vorsteher der deutschkatholischen Gemeinde mit dem Darmstädter Freundeskreis verbunden.

DINGELSTEDT, Franz Freiherr von (1814-1881): Deutscher Schriftsteller und berühmter Theaterleiter. Bedeutende Hebbel- und Shakespeare-Inszenierungen in München, Wien, Weimar.

DITTMAR, Louise (1807-1884): Schriftstellerin und Vorkämpferin für Frauenrechte im deutschen Vormärz. Luise v. Ploennies lebte zeitweise im gleichen Haus Steinstraße 20 in Darmstadt, ohne daß ein persönlicher Kontakt nachzuweisen ist.

DROSTE-HÜLSHOFF, Annette von (1797-1848): Deutsche Dichterin. Äußerte sich ironisch-bewundernd über LvP in: *Mein lieb, lieb Lies. Briefe an Elise Rüdiger.* Auch Freiligrath wird kritisch kommentiert.

DULLER, Eduard (1809-1853): Kam aus Wien nach Darmstadt. Gründete neben anderen Literaturzeitschriften die Zeitschrift *Das Vaterland*; förderte LvP durch Veröffentlichungen ihrer Gedichte. Brachte einen ausführlichen Bericht ihrer Reise nach Belgien und ihrer Erzählung *Marianna Penella*. War Vorsteher der deutsch-katholischen Gemeinde in Darmstadt, fiel deshalb später beim Großherzog in Ungnade.

FELSING, Georg Jakob (1802-1883): Professor. Bekannter Darmstädter Kupferstecher und naher Freund der Familie v. Ploennies.

FORSTER, Georg (1754-1794): Begründer der künstlerischen Reisebeschreibung nach Forschungsreisen mit seinem Vater und James Cook. 1792/93 führte er mit Dr. Georg Wedekind den Mainze Jakobinerclub an, der für den Anschluß des linksrheinischen Deutschland an Frankreich eintrat.

FREILIGRATH, Ferdinand (1810-1876): Dichter. Galt zunächst als Romantiker, wurde als Übersetzer aus dem Englischen beispielgebend. Huldigte dem Exotischen, ehe er mit seiner Gedichtsammlung *Ein Glaubensbekenntnis* zur radikalpolitischen Seite der Volkserhebung von 1848/49 übertrat.

GALL, Luise von (1815-1855): Darmstädter Schriftstellerin, in der Wilhelminenstraße geboren, in der Schloßkirche getauft. Erste Veröffentlichungen im Morgenblatt. Schrieb Erzählungen, Romane und Lustspiele. Heiratete 1843 Levin Schücking, den jugendlichen Gefährten der Droste; war mit ihrem Ehemann in Rom zeitweise auch als Journalistin tätig. Briefpartnerin und Freundin der LvP. Patin ihrer Tochter Luise.

GRIMM, Jakob (1785-1863): Begründer der germanischen Altertumswissenschaft und der Philologie. Zeitlebens mit seinem Bruder Wilhelm (1786-1859) verbunden, der ebenso Literaturwissenschaftler, wesentlichen Anteil an der sprachlichen Gestaltung der *Kinder- und Hausmärchen* hatte. Wie LvP gebürtig aus Hanau, standen sie zeitlebens in gedanklichem Austausch mit ihr und ihrem Schwiegersohn Johann Wilhelm Wolf.

HERZ, Henriette (1764-1847): Empfing in ihrem Berliner Salon viele bedeutende Persönlichkeiten. Die zwanglosen Begegnungen hatten Vorbildcharakter für eine Frauenkultur, wie sie stilmäßig auch von LvP übernommen wurde.

HUBER-FORSTER, Therese (1764-1829): In erster Ehe mit Georg Forster verheiratet. Enge Freundschaft mit der Familie Wedekind während der gemeinsamen Revolutionszeit in Mainz.

KERNER, Justinus (1786-1862): Deutscher Dichter. „Das Kernerhaus" in Weinsberg war literarischer Mittelpunkt. Einer der bedeutendsten Lyriker der schwäbischen Romantik. Hatte Vorbildcharakter für LvP, als er auch für ihren englischen Verleger Thomas Medwin, der zwanzig Jahre in Heidelberg lebte, beispielgebend war.

KÜNZEL, Heinrich (1810-1893): Literat, Übersetzer, Herausgeber, naher Freund von Freiligrath und Karl Buchner, war auch der wichtigste Förderer der jungen Dichterin LvP. Er veranlaßte das Treffen in Darmstadt mit Freiligrath im Winter 1841/42.

LASSBERG, Joseph Maria Christoph von (1770-1855): Schloßherr auf der Meersburg überm Bodensee, Schwager der Droste, Altertumsforscher, Besitzer einer der drei mittelalterlichen Handschriften des Nibelungenlieds. Stand in persönlichem Kontakt mit LvPs Schwiegersohn Wolf und ihrem ältesten Sohn Wilhelm.

MANGOLD, Emilie (1831-1897): Jüngere Freundin und Bewunderin der LvP. Schrieb einen ausführlichen Gedenkartikel in *Altes und Neues. Sonntagsblatt für die deutsche evangelische Christenheit. 7. Jahrgang 1875.*

MANGOLD, Karl Amand (1813-1889): Vater von Emilie Mangold, Großherzoglicher Hofmusikdirektor, komponierte Oratorien, Festmusiken und Lieder nach Texten von Luise v. Ploennies und ihrem Sohn Wilhelm. Gehörte zum engsten Freundeskreis der Familie.

138

NODNAGEL, August (1803-1853): Dichter, Literaturhistoriker, Sammler, vielfacher Gast der LvP und Anreger für ihre Naturlyrik und Balladen, die in jener Zeit in Darmstadt in hohem Ansehen standen.

PASQUÉ, Ernst (1821-1892): Sänger und Oekonomie-Inspektor am Darmstädter Hoftheater, Heimatdichter, der nach Sagen, Märchen und Überlieferungen volkstümliche Geschichten schrieb, u.a. *Das Griesheimer Haus, Es steht ein Baum im Odenwald,* die sich noch großer Beliebtheit erfreuen. Lebte in Alsbach, kehrte als Gast häufig bei LvP in Jugenheim ein und bewunderte sie sehr.

RIEGER, Max (1828-1909): Sohn von Frau Rieger, an die LvP ihre Erlebnisse mit König Ludwig I. von Bayern und seiner Geliebten Lola Montez aus Brückenau berichtet. Max ist der beste Freund von Wilhelm v. Ploennies, mit dem er sein Interesse an altdeutschen und mittelalterlichen Texten teilt und in der wieder entdeckten vorreformatorischen mystischen Frömmigkeit verbunden ist (s. Baur, Carriere). Rieger stiftete anonym die Martinskirche auf dem Riegerplatz.

ROQUETTE, Otto (1824-1896): Literaturhistoriker und Schriftsteller, wurde 1869 als Professor einbezogen in die im Entstehen begriffene Bekanntschaft mit der älteren Luise v. Ploennies, die zwar nicht mehr aktiv im Kulturbetrieb stand, aber noch äußerst produktiv an der Versdichtung biblischer Themen arbeitete. In ihrem Haus im Herdweg 46 organisierte er literarische Abende und trug im Freundeskreis ihre letzten Dichtungen vor.

SCHÜCKING, Levin (1814-1883): Schriftsteller, Feuilletonredakteur der *Kölnischen Zeitung,* zeitweise ihr Korrespondent in Rom. Enger Kontakt mit Freiligrath, verheiratet mit Luise v. Gall; schrieb kulturhistorische Romane über Adel und Bauern seiner westfälischen Heimat.

SCHWAB, Gustav (1792-1850): Schriftsteller und Lyriker der schwäbischen Schule. Gab mit Chamisso den Musenalmanach heraus. Nacherzähler von *Sagen des Altertums, Deutsche Sagen, Die deutschen Volksbücher.*

TENNER, Karl Christian (1791-1866): Darmstädter Dichter, dessen Naturlyrik sich als Fundgrube für viele Komponisten herausstellte (Marschner, K. A. Mangold u.a.). Seine Texte wurden noch von deutschen Auswanderern in Amerika gesungen. Freiligrath, Buchner, Schücking gingen in Tenners gastlichem Haus, Ecke Hügelstraße und Wilhelminenplatz, dem Stammhaus der Adler-Apotheke, ein und aus. Mit dem von ihm verehrten Justinus Kerner zog er den schwäbischen Dichterkreis in die Darmstädter Dichtergruppe hinein.

UHLAND, Ludwig (1787-1863): Dichter, Professor, Germanist in Tübingen. 1848 liberaler Abgeordneter in der Frankfurter Nationalversammlung.

Dichtete Balladen und Romanzen und sangbare Lieder. LvP stellte sich in seine Tradition.

VANHAGEN VON ENSE, Rahel (1771-1833): unkonvetionelle Berliner Saloniere: In ihrer bescheidenen Dachstube versammelte sie eine geschmackvolle Gesellschaft. Sie schuf einen Freiraum für zeitkritische Diskussionen und verstand es meisterhaft, sie zu aktualisieren.

Literaturverzeichnis

I. Schriften der Luise von Ploennies

Mozartfeier. Darmstadt 1837 (darin: *Kindheit* und *Jugend*).

Die Kinder im Walde. Nach dem Englischen frei bearbeitet. Darmstadt 1838.

Cäcilie. Ein Seelengemälde aus dem Leben. In: Iris-Taschenbuch für das Jahr 1841.

Marianna Penella. Novelle aus dem Leben In: Das Vaterland. Herausgegeben von Eduard Duller. 2. Jahrgang. Darmstadt 1842. Seiten 114-166, 192-212, 241-260, 305-319. Ins Flämische übersetzt in: De Broederhand. 1845).

Dunkle Bilder. Erzählung. Darmstadt 1843.

Britannia. Eine Auswahl englischer Dichtungen alter und neuer Zeit. Ins Deutsche übersetzt. Mit beigedrucktem Originaltext. Frankfurt am Main 1843 (auch mit englischen Titel).

Gedichte. Darmstadt 1844.

Ein Kranz den Kindern. Darmstadt 1844.

Ein fremder Strauß. Heidelberg 1844.

Reiseerinnerungen aus Belgien. Berlin 1845.

Abälard und Heloise. Ein Sonettenkranz. Darmstadt 1849.

Oskar und Gianetta. Ein Sonettenkranz. Mainz 1850.

Neue Gedichte. Darmstadt 1851.

Wittekind. Dramatisches Oratorium in drei Abteilungen. Musik von C. A. Mangold. Darmstadt 1852.

Mariken von Nymwegen. Berlin 1853.

Die sieben Raben. Ein Gedicht. München 1862, 3. Auflage 1866.

Savitri. München 1862, 3. Auflage 1867.

Englische Lyriker des neunzehnten Jahrhunderts. Ins Deutsche übertragen. München 1863, 2. Auflage 1867.

Lilien auf dem Felde. Stuttgart 1864. Neue Ausgabe 1883.

Ruth. Stuttgart 1864, 2. Auflage Gotha 1869

Joseph und seine Brüder. Stuttgart 1866.

Maria von Bethanien. Neutestamentliches Gedicht. Stuttgart 1867.

Maria Magdalena. Ein geistliches Drama in 5 Aufzügen. Heidelberg 1870.

Die heilige Elisabeth. Frankfurt 1870.

Posthum:

David. Ein biblisches Drama in 5 Aufzügen. Heidelberg 1873.

Sagen und Legenden nebst einem Anhang vermischter Gedichte. Heidelberg 1874.

Joost van der Vondels Luzfer .Eine Übersetzung, wurde nicht gedruckt. Das Manuskript kam 1868 nach Löwen an die "Taal- en Letterlievend Studenten-Genootenschap Met Tyd en Flyt".

Werkeverzeichnis übernommen von Else Lauckhard über die Dichterin Luise von Ploennies. In: "Eine hessische Dichterin bei den Flamen zu Gast." Hessische Chronik. Band 3. Darmstadt 1916.

II. Verwendete Literatur (Auswahl)

BAUR, Wilhelm: Lebenserinnerungen. Einleitung und Erläuterungen von
       Karl Esselborn. Darmstadt 1911.
BUCHNER, Wilhelm: Freiligrath. Ein Dichterleben in Briefen. 2 Bände. Lahr
       1871.
DIERKS, Margarete (Hrsg.): Louise von Gall aus Biographie, Briefen und Werken. Darmstadt 1996.
ESSELBORN, Karl: Der Deutschkatholizismus in Darmstadt. Darmstadt 1923.
FABER, K. G.: Die Rheinlande zwischen Restauration und Revolution im Spiegel zeitgenössischer Publizistik. Wiesbaden 1966
FRANZ, Eckhart G.: Revolution und demokratischer Widerstand in der hessischen Geschichte 1848/49. Darmstadt 1973.
GUNZERT, Walter: Darmstadt im Jahr 1848. Karlsruhe 1949.
HUB, Ignaz: Moderne Klassiker. Literaturgeschichte der neueren Zeit in Biographien, Kritiken und Proben. Band 53. Kassel 1854.
HUB, Ignaz: Deutschlands Balladen- und Romandichter. 3. Auflage. Kassel
       1860.
KOCH, Rainer: Deutsche Geschichte 1815-1848. Restauration oder Vormärz.
       Stuttgart-Berlin-Köln 1985.
KOHUT, Adolph: Luise von Ploennies. Ein Gedenkblatt anläßlich ihres 100.
       Geburtstags am 7. November 1803. Darmstädter Zeitung.
KÜNZEL, Heinrich: Gedichte und andere Drucksachen aus dem Jahr 1848.
       (Vermutlich aus dem Nachlaß von Lorenz Diefenbach).
LAUCKHARD, Else: Luise von Ploennies. Hessische Biographie. Band 2. 1928
MANGOLD, Emilie: Nachruf auf die heimgegangene Dichterin. Darmstädter
       Zeitung vom 27. Januar 1872.
NOACK, Karl: Luise von Ploennies. Gedenkblatt an die 50. Wiederkehr ihres
       Todes. Darmstädter Tagblatt 1922. Nr. 22.
NODNAGEL, August: Poetische Frauenbilder. Darmstadt 1848.

PLOENNIES, Luise von (Herausgeberin): Aus dem Tagebuch eines Deutschen
    in Amerika. Ankündigung der Veröffentlichung. In Vaterland 1846.
    Nr.27 (und Übersetzungen amerikanischer Dichter).
RITSERT, Theodor: Beziehungen berühmter Leute zu Darmstadt. Darmstadt
    1898.
WEBER, Martin: Georg Wedekind. Ein Arzt im Zeitalter der Aufklärung. Stutt-
    gart-New York 1988.

Alle unveröffentlichten Quellen befinden sich im Familienbesitz oder im Stadtarchiv Darmstadt. Briefe der Luise Schücking, geb. von Gall, aus dem Schük-
king-Hausarchiv, Sassenberg.

Titelbild nach einem verlorenen (?) Gemälde von G. L. Gläser.

Die Abbildungen stammen aus dem Stadtarchiv Darmstadt (Umschlag, Seite 2
rechts; 29 o. r., unten; 47; 85; 99; 101; 115 o. l., unten), Familienbesitz (Seite 2
oben links) und dem Archiv des Verlages (Seite 2 unten rechts; 29 o. l.; 115
o. r.; 135). Autorin und Verlag danken für gern erteilte Abdruckgenehmigung.

SIE GINGEN VORAN

Vier bedeutende Darmstädter Frauen des 19. Jahrhunderts

Drei Darmstädter Frauen aus dem
20. Jahrhundert porträtieren vier bedeutende
Darmstädter Frauen des 19. Jahrhunderts:

Gerda Vöge
die beiden ersten deutschen Frauenärztinnen
Regina Josepha von Siebold (1771-1849) und ihre Tochter
Charlotte Heidenreich von Siebold (1807-1877)

Gabriele Käfer-Dittmar
die Republikanerin der ersten Stunde und
Publizistin Louise Dittmar (1807-1884)

Margarete Dierks
die Schriftstellerin und Kämpferin für Frauenbildung und -erwerb Luise Büchner (1821-1877)

Diese Porträts zeigen sehr deutlich die Stellung der Frau in
der Familie und im öffentlichen Leben des 19. Jahrhunderts
und die Schwierigkeiten und Vorurteile, gegen die anzuge-
hen diese Vorkämpferinnen für Anerkennung und Gleich-
berechtigung der Frau ihre Lebensaufgabe sahen.

143 Seiten. ISBN 3-87704-026-8. Kartoniert DM 25,-

VERLAG

H.L.SCHLAPP